Maria Gschwentner

Tiroler Bäuerinnen kochen

Einfach gute Rezepte

Edition LÖWENZAHN 1993

© 1993 by Edition Löwenzahn/Österreichischer StudienVerlag
Andreas-Hofer-Straße 4, A-6011 Innsbruck
Printed in Austria

3. Auflage 1995
ISBN 3-900521-23-9

Alle Rechte vorbehalten. Ohne ausdrückliche Genehmigung des Verlags
ist es auch nicht gestattet, dieses Buch oder Teile daraus auf photomechanischem Wege
(Photokopie, Mikrokopie, Xerokopie) zu vervielfältigen.

Satz: dolfmagoi
Fotografien: Herbert Gyß
Umschlag: Ulrich Eichberger
Druck: Thaurdruck

Gedruckt auf umweltfreundlichem, chlor- und säurefreiem Papier

Essen und Trinken erinnert uns ständig an den Geber aller Gaben - wir stärken uns damit an Leib und Seele, wir erleben Gemeinschaft im Miteinanderessen, im Rezeptaustausch, bei der Zubereitung und Auswahl unserer Speisen und Lebensmittel.

Ich freue mich, wenn ich weiß, woher diese Schätze stammen - ob vom eigenen Betrieb, von zu Hause oder von einem direkt vermarktenden Bauern. So ist Lebensmittel nicht Lebensmittel, es kann mir Bezug geben oder anonyme Massenware bleiben.

Dieses Buch will anregen, wieder direkten Kontakt zu Bauern und Bäuerinnen zu suchen, ihre Produkte wieder zu entdecken ... Sie werden sehen, es wird interessant und spannend werden!

Auch ich bin so zu diesen Rezepten in diesem Buch gekommen - ich habe "geerntet" im reichen Erfahrungsschatz vieler Bäuerinnen - dafür möchte ich herzlich danken!

Ich möchte gerne weitersäen ... Rezepte, die uns veranschaulichen sollen,
- daß heimische Kost sehr vielfältig und ideenreich sein kann,
- daß aus einfachen und guten Grundzutaten herrlichste Gerichte zubereitet werden können,
- daß im Bereich Kochen ungeahnte Möglichkeiten stecken können.

Mir wurde beim Ausarbeiten dieses Buches vieles bewußt. Ich wünsche Ihnen, liebe Leserinnen und Leser, daß es Anregungen gibt zum Weiterdenken, daß es bewußt macht, daß die Auswahl der Lebensmittel weite Kreise zieht, daß es Verbindungen schafft ...
Ich möchte danken:
- meiner Familie für ihre Unterstützung, besonders meiner Mutter Gertrud Loinger,
- meinen beiden Praktikantinnen Sandra Weber und Katharina Zingerle für die mühevolle "Kleinarbeit",

- Frau Dr. Angelika Neuner für die Mitarbeit bei den Einführungen zu den Regionen,
- dem Verlag, und vor allem Frau Elfriede Sponring, für die angenehme Zusammenarbeit,
- Herrn Herbert Gyß für die liebevolle photographische Gestaltung,
- allen, die mitgeholfen haben, daß dieses Buch entstehen konnte.

Ich wünsche viel Freude und gutes Gelingen beim Ausprobieren der Rezepte!

Maria Gschwentner
Angerberg, im Oktober 1993

Tirol - Land im Gebirge - Schnittstelle an Wegen: Kulturen hinterlassen Spuren beim Kochen und Essen.
Auch das Klima prägt die Nahrung.
Seit Generationen gibt es viele gleiche Gerichte.
Großmütter - Mütter - Töchter und Söhne: Kochen, Mitkochen, Nachkochen sichern die Tradition.
Kochbücher sind nur Werkzeuge, wie Holzherde, Elektroherde, Gasherde - sie alle machen die Nahrung verschieden.
Das Leben ist im Fluß.

Essen ist Nahrung und Geist.
Lebensmittel beeinflussen unseren Körper, Geist und Seele.
Düngemittel, Spritzmittel, Technik und Zusatzstoffe zerstören lebendige Lebensmittel.
Lieblos gekochtes und eilig verschlungenes Essen ist unverdauliche Energie.
Essen verdient unsere Aufmerksamkeit und Zeit.
Als Kinder verbanden wir Essen mit dem Gefühl, geliebt zu werden.
Als Erwachsene essen wir deshalb oft zu viel.
Essen fördert die Gesundheit und Krankheit.
Jeder Mensch ist einmalig und hat andere Bedürfnisse.
Dem Körper zuhören.

Bodenständige Kost verankert Heimat, sie ist Bezug zu Boden, zu Pflanzen, zu Tieren, zu Menschen, zu Gott.
Ohne sie verlieren wir eine wichtige Energiequelle. Essen ist ein Ritual und belebt die Gemeinschaft.
Essen gibt Leben und Sinn.

Dr. Maria Hauser, Landeslandwirtschaftskammer für Tirol

Inhalt

Knödel, Nudel, Nocken, Plenten 15

Außerfern 17
Suppen
Brätknöderlsuppe 19
Schlettersuppe 19
Riebelesuppe 20
Versoffene Suppe 20
Milchsuppe 21
Kräutersuppe 21

Hauptgerichte
Aufgegangene Topfennudeln 22
Apfelkiachl 22
Brotkiachl 23
Apfelkrapfen 23
Topfenschmarren 24
Semmelschmarren 24
Weinnudeln 25
Topfenauflauf 25
Ziegernudeln 26
Türkennudeln 27
Hollerkiachl 27
Türkenmus 28
Krautkrapfen 28
Kässpätzle 29
Brennende Spatzeln 30
Leberknödel 30
Fleisch 31
Wildbraten 32

Beilagen
Löwenzahnsalat 35
Kümmelerdäpfel 35

Nachspeisen, Gebäck
Ehenbichler Festtagsschnitten 36
Sauermilchsulz 37
Schokoladetraum 37
Hefewaffeln 38
Germkeks 38
Einfache Keks 39
Waffeln 39
Sreuselkuchen 40
Grammelkuchen 41

Verschiedenes
Molkehonig 42
Nuanzen 42
Milch 43
Weichkäse 44
Topfen mit Lab 45
Karamelzuckerl 46
Hollerlikör 46
Hollerpunsch 47
Holunderessig 47
Johannisöl 48
Arnikaschnaps 48

Oberland 49
Suppen
Erdäpfelsuppe 53
Rahmsuppe 53
Brennsuppe 54

Kassuppn 54	Ziegenmilch-Zugsalbe 75
Milchsuppe 55	Einreibung bei Prellungen ...76
Bärlauchsuppe 55	Wermutwein 76
	Zitronensaft 76

Hauptgerichte

Hasenohren 56	Heilmittel 77
Tarpl 57	Moosbeerlikör 78
Kaskiachl 58	Nußschnaps 78
Blutmandl 58	Äpfelschnitz 78
Kluanmehlnudeln 59	Ribisellikör 79
Biastkuchen 60	Hollermarmelade mit
Erdäpfelgulasch 60	Zwetschken............................79
Wassermus 61	Joghurt 80
Weinmus 61	Schissalkas 81
Erdäpfelnocken 62	
Geschnittene Nudeln 62	## Innsbruck und Umgebung 83
Kräuterforelle 63	

Beilagen

Suppen

Oberländer 64	Brennsuppe 85
Eingebrannte Erdäpfel 64	Würstlsuppe 85
Bachlkress 65	Lauchsuppe 86
Gedörrte Zwetschkensauce ..65	Knoblauchsuppe 86
	Schwammerlsuppe 89
	Biersuppe 89

Nachspeisen, Gebäck

Hauptgerichte

Erdäpfelschnitten 66	Ofennudeln 90
Nui Schmalz 66	Mohnnudeln 91
Erdäpfeltorte 67	Topfenzergel 92
Flachzöpfe 68	Mohnnudeln 92
Eiweißkuchen 68	Roggane Apfelnudeln 93
Joghurtkuchen 71	Topfeler 93
Ölgugelhupf 71	Grießauflauf, Reisauflauf 94
Bratäpfel 72	Topfennudeln 94
Ongsanats 72	Apfelnocken 95
Zwetschkenfleck 73	Apfelstrudel 96
	Apfel-Topfenauflauf 96

Verschiedenes

Spitzwegerichsirup 74	Strauben 97
Hustensaft 75	Gebackene Mäuse 97

Polsterzipfel 98	Vanillezucker 120
Milchreis 98	Ringelblumenschnaps 121
Apfelauflauf 99	Beinwellsalbe 121
Süßer Plenten 100	Löwenzahnhonig 122
Krapfen 100	
Hefekiachl 101	**Unterland** 125
Erdäpfelpuffer 101	*Suppen*
Erdäpfelpaunzen 102	Fastensuppe 127
Biastnudeln 102	Brennsuppe 127
Blutnudeln 103	Bohnensuppe 128
Spinatknödel 103	Magschoan 128
Schweinsbraten 104	Brezensuppe 129
Krautnocken 104	
Preßknödel 107	*Hauptgerichte*
	Thierseer Kiachl 130
Beilagen	Topfenkrapferl 130
Gemüse 108	Schottzöpferl 131
Eiersalat 109	Kiachl 132
Sauerkraut 109	Mahnnudeln 133
	Bladlkiachl 133
Nachspeisen, Gebäck	Krapf-Kiachl 134
Apfelkuchen 110	Haggerl 134
Obstkuchen 111	Pfannernudeln 135
Mohnkuchen 112	Schutznudeln 136
Zucchinischnitten 112	Dampfnudeln 137
Apfelbrot 113	Kluabakrapfen 138
Schneebiskuit 113	Mascherl 139
Nervenkeksln 114	Zillertaler Krapfen 140
Dinkelsemmel 114	Holzknechtkrapfen 143
Hirschhornkeks 114	Gebackene Knödel 143
Salzstangerl 115	Brandenberger Kaser 144
Brot 116	Tschagrutschen 144
	Schottnocken 145
Verschiedenes	Bandnudeln 145
Kefir 118	Samstagnocken 146
Grammelschmalz 118	Wassermuas 146
Eingelegte Zucchini 119	Broadakrapfen 147
Eingelegter Knoblauch 119	Türkenwixer 147
Bierlikör 120	

Schliachtarnudeln 148
Broadaknödel 149
Fastenknödel 149
Schmarren 150
Zwetschkenschober 150
Klotzenstrudel 151

Beilagen
Obst 152
Dörrpflaumenkompott 153
Hollermandl 153
Eiermilch 153
Eierbier 154
Abgeschmalzene Erdäpfel .154

Nachspeisen, Gebäck
Dinkelroulade 155
Stanitzel 156
Brandenberger Prügeltorte .156
Kirschkuchen 157
Walnußkuchen 158
Angerberger Magenbrot 161
Almnüsse 161
Germzopf 162
Neidegger Hausbrot 162
Brezen 163
Rotholzer Vollkornbrot 164

Verschiedenes
Graukäse 165
Ziegerkugeln 166
Pechsalbe 166

Osttirol 167
Suppen
Gerstensuppe mit Bohnen .169
Gerstensuppe 169
Schottsuppe 170
Milzschnittensuppe 170
Brennesselsuppe 171
Milchsuppe mit Gries 171

Hauptgerichte
Zwiebelkuchen..................... 172
Schöpsernes mit
Wurzelsauce 173
Osttiroler Schlipfkrapfen 174
Schwarzplentenknödel 175
Lammkoteletten 175
Speckknödel 176
Blattlstock 177
Hochzeitsnigelen 178

Beilagen
Eingemachter Kürbis 179
Specksalat 179
Brennesselspinat 180
Rosmarinerdäpfel 180
Milchpunsch........................ 181

Nachspeisen, Gebäck
Gute Schnitten 182
Joghurtkuchen 182
Lebkuchen 183
Haferflockenbusserl 183
Buchweizenkuchen 184
Rhabarberkuchen 184

Verschiedenes
Gewürzkräuter 185
Kräuteressig 186
Kräutersekt 186
Kräutersalz 187
Suppen- und Saucenwürze .187
Hollersirup 187
Hollersaft 188

Zitronenmelissenlikör 188
Weichsellikör 188
Eierlikör 189
Rosmarinwein 189
Johanniskrautschnaps 189
Ringelblumensalbe 190
G'stockte Milch 190
Topfen 191
Molkeessig 191
Eingelegter Käse 192
Einfache Leberwurst 192

Nachwort 193
Wegweiser
zu Tiroler Bauern 195
Sachregister 199
Alphabetisches Register 203

Erklärung der Dialektausdrücke:

abschmalzen: mit heißer Butter übergießen
Faferl (*Riebele*): Mehl mit wenig Milch oder Wasser verbröseln
Türkenmehl: Maismehl
Muas (*Koch*): dick eingekochter Brei
Miasl (*Muas*): Schmarren
Schotten (*Broada*): Topfen
Prinze (*Scharra*): braun angekochte Kruste am Boden der Pfanne
Dampfl: Gärprobe beim Germteig
Germ: Hefe
Klotzen (*Kluaban*): Dörrbirnen
Plenten: Mais
Schwarzplenten: Buchweizen
moar: mürb

Symbole

Abänderung   Tip   Vollwert   Getränke   Beilagen

Die Rezepte sind für vier bis sechs Personen

Knödel, Nudel, Nocken, Plenten sind die Tiroler Elementen.

So vielgestaltig wie die Landschaft und die Vegetation unseres Landes sind, so vielfältig sind auch die Speisen und deren Zubereitungsformen. Dabei gibt es neben den Gerichten, die im ganzen Land auf den Tisch gebracht werden, Spezialitäten, die fast ausschließlich in einer bestimmten Gegend gekocht werden. Neben Tradition und Überlieferung spielen oft auch besondere Nahrungspflanzen eine große Rolle, z.B. der Buchweizen ("Schwarzplenten"), dessen Hauptverbreitungsgebiet südlich des Alpenhauptkammes liegt, und der Mais ("Türggen"), der in den Föhngebieten eines der Hauptnahrungsmittel darstellte. In den letzten Jahren entstand vielerorts wieder reges Interesse an der einfachen und naturnahen Küche.

Es sind nicht nur alternative Lebensauffassungen, die sich auf bodenständiges Essen zurückbesinnen, sondern allgemein wird wieder mehr auf Produkte, die im eigenen Land erzeugt worden sind, zurückgegriffen. Schließlich erfreuen sich auch die Bauernmärkte immer größerer Beliebtheit.

Die Bauern erzeugten seit jeher ihre Nahrungsmittel selbst. Ausnahmen waren in Tirol nur die Schwaighöfe, die in der ersten Zeit nach ihrer Gründung vom Landesfürsten einen Zuschuß an Brotgetreide bekamen.*

Der tägliche Speisezettel wurde von den gedeihenden Nahrungspflanzen und von der Wirtschaftsform des Hofes bestimmt.

Die ältesten Hauptnahrungsmittel sind Hafer, Hirse, Roggen und Weizen. Die Römer führten dann auch noch die Gerste in unser Land ein. Im 15. Jahrhundert wurde der Buchweizen heimisch. Nach der Entdeckung Amerikas verdrängte der Mais die Hirse vollständig. Die stärksten Veränderungen am Speisezettel bewirkten aber die Erdäpfel. Sie waren ab Anfang des 19. Jahrhunderts in ganz Tirol verbreitet.

Häufigste Zuspeisen waren Kraut in Form von Sauerkraut und Rüben. Von den Hülsenfrüchten sind heute nur noch die Erbsen und Bohnen im Gebrauch, während Saubohnen und Linsen fast in Vergessenheit geraten sind.

Der große Strukturwandel der bäuerlichen Betriebe innerhalb der letzten 50 Jahre hat dazu beigetragen, daß ein Bauernhof heute kaum mehr auf Eigenversorgung ausgerichtet ist. Die großen Veränderungen ließen viele der gesunden und einfachen Rezepte der Bauernkost in Vergessenheit geraten.

Umso erfreulicher ist die bereits erwähnte Rückbesinnung auf die Tiroler Bauernküche.

Die folgende Rezeptesammlung will aber nicht nur diesem Titel Rechnung tragen. Sie lüftet "Küchengeheimnisse" aus dem ganzen Land und erzählt uns über die Kochkunst unserer Frauen.

*Wopfner, H.: Bergbauernbuch I. Bd.1, S. 82

Außerfern

Karge Lebensgrundlagen prägen die Rezepte der Außerferner Küche. Wasser, Milch, Erdäpfel und Brot - aus diesen Grundzutaten haben die Bäuerinnen dieses Landesteiles ihren Speisezettel zusammengestellt.

Das rauhe Klima ließ wenig Obst und Gemüse gedeihen - man sammelte alles, was in wilder Natur wuchs: Himbeeren, Heidelbeeren, Preiselbeeren, Holunder und Maulbeeren, die Früchte des Wacholders, Enzianwurzeln und ähnliches. Alles wurde in der Küche verwertet, sei es als Nahrungs- oder Heilmittel. Immer wieder entstanden neue Variationsmöglichkeiten mit Erdäpfel, Mehl in Form von Muas, Schmarren und Suppen. Auch Fleisch war selten - der Boden war knapp, Schlachtvieh konnte kaum gehalten werden. Jedoch ist das Außerfern wegen seines Wildreichtums bekannt - so darf es uns nicht wundern, daß uns gute Wildrezepte aus diesem Landesteil bekannt sind.

Manche Gerichte erinnern an Speisen auf den Almen. Auch dort wurden, nachdem die Vorräte aus dem Tal verbraucht waren, die anfallenden Erzeugnisse aus der Milchwirtschaft verwendet. Käse für Kasnocken, Knödel und Spatzeln; Butter, Rahm und Milch für Muas und Schmarren. Mehl war vorrätig und als Getränk war Milch und "Riahrmilch" (Buttermilch) vorhanden.

Im allgemeinen ist die Auß'ferner Küche etwas vom süddeutschen und allemannischen Raum bestimmt.

Die Saisonarbeiter, die für einige Monate in die Fremde wanderten, um Geld zu verdienen, brachten Rezepte aus dem Schwabenland mit, z.B. Brätknödel, Kässpatzen, Waffeln u.a.m.

An diesem Beispiel wird uns klar, daß bodenständige Kost nichts Endgültiges ist, sondern daß sie in Verbindung steht mit der wechselnden Situation von Menschen, sei es durch Vermischung von Menschen verschiedener Herkunft, z.B. durch Heirat oder durch Einflüsse aufgrund der Änderung des Arbeitsstandortes.

Auch so kann heimische Kost gesehen werden, als bewußt übernommene Heimat von und für Menschen.

Außerfern 🧅 Suppen

Brätknöderlsuppe

50 dag Brät
3 Eier
5 dag Zwiebel
ca. 1/4 l Milch
1 Semmel
Salz, Pfeffer
Petersilie
1,5 l Rindssuppe

- Brät (vom Metzger) gut verrühren
- Milch dazugießen
- nach und nach Eier dazugeben
- würzen
- Zwiebel fein schneiden, in Butter anrösten, überkühlen lassen
- Semmel würfelig schneiden, in Milch einweichen, ausgedrückt dazugeben
- soviel Mehl dazugeben, daß eine bindige Masse entsteht
- mit einem Eßlöffel Nockerln abstechen
- in kochendes Salzwasser einlegen
- ca. 15 Minuten ziehen lassen
- in Fleischsuppe servieren

Schlettersuppe

1 Ei
ganz wenig Milch
und Mehl
Rindssuppe

- Ei mit wenig Milch und Mehl zu einem glatten Teig versprudeln
- die Masse in kochende Rindsuppe eintropfen

Außerfern 🫕 Suppen

Riebelesuppe

1 Ei Mehl Salz Suppe	◆ Ei mit soviel Mehl, wie das Ei annimmt, vermischen ◆ mit den Händen solange verreiben, bis feine Riebele entstehen ◆ in Wasser oder Fleischsuppe einkochen, würzen

 Riebele mit leicht gebräuntem Zwiebel abschmalzen

Versoffene Suppe

4 Scheiben Schwarzbrot 8 Zehen Knoblauch 1 Zwiebel Schnittlauch 20 dag Edamer 1 EL Butter 1 EL Mehl Salz Pfeffer 1 l Wasser	◆ Brot würfelig schneiden ◆ mit zerdrücktem Knoblauch, feingeschnittener Zwiebel, Schnittlauch und würfelig geschnittenem Käse in eine Schüssel geben ◆ mit 1 l heißem Wasser übergießen ◆ aus Butter und Mehl eine Einbrenn machen, mit etwas Wasser aufgießen, gut verkochen lassen ◆ die Suppe in die Einbrenn einrühren, würzen

Außerfern 🌶 Suppen

Milchsuppe

3 dag Butter
3 dag Mehl
1 l Milch
1 Prise Salz
1 Dotter
Brotwürfel

- Mehl in Butter anschwitzen lassen
- mit Milch aufgießen
- salzen
- aufkochen lassen
- vor dem Servieren Dotter einsprudeln
- mit Brotwürfel servieren

 aufgewürfelte Reste vom Zelten schmecken gut dazu!

Kräutersuppe

3 dag Butter
3 dag Mehl
1/2 l Milch
ca. 1/2 l Wasser
1 kleine Zwiebel
1 Knoblauchzehe
1 Handvoll Kräuter
(Schnittlauch, Petersilie, Kerbel, Pimpernelle, Oregano, Liebstöckel, Majoran, Thymian, Zitronenmelisse, Estragon, Dill)
Salz
1/8 l Rahm
1 Dotter
Brotwürfel

- gehackte Zwiebel in Butter anlaufen lassen
- Mehl anschwitzen
- mit Milch und Wasser aufgießen
- feingehackte Kräuter dazugeben
- salzen
- zuletzt Rahm vermischt mit Dotter einsprudeln
- kurz aufkochen lassen
- mit gerösteten Brotwürfeln servieren

Kräuter können Sie nach Ihrem Geschmack beliebig variieren!

Außerfern ❧ Hauptgerichte

Aufgegangene Topfennudeln

1/2 l Topfen
5 dag Butter
3 Eier
3 EL Zucker
3 EL Mehl
1 Prise Salz

Rosinen untermischen

Milch

- ❖ Topfen mit Butter, Dotter und Zucker flaumig rühren
- ❖ Eiklar mit einer Prise Salz zu festem Schnee schlagen
- ❖ Schnee und Mehl dem Abtrieb abwechselnd unterheben
- ❖ Form ausfetten
- ❖ Nockerl abstechen und nebeneinander einlegen
- ❖ im Rohr bei 180°C ca. 30 Minuten backen
- ❖ mit Zucker bestreut servieren

Apfelkiachl

40 dag Mehl
4 Eier
1/4 l Weißwein
1/4 l Milch
Salz
ca. 1 kg Äpfel
Backschmalz
Zucker und Zimt zum Bestreuen

Vollgetreide verwenden!

Milch!

- ❖ aus Mehl, Eier, Weißwein, Milch und Salz einen Backteig bereiten
- ❖ Kerngehäuse der Äpfel ausstechen
- ❖ Äpfel in ca. 1 cm dicke Scheiben schneiden
- ❖ in Backteig tauchen
- ❖ sofort im schwimmenden Fett ausbacken
- ❖ mit Zucker und Zimt bestreuen

Außerfern — Hauptgerichte

Brotkiachl (Pofesen oder Profesen)

12 dünne Weißbrotscheiben (Semmelzeile)
Marmelade zum Füllen

Backteig:
30 dag Mehl
3 Eier
1 Prise Salz
1 Stamperl Rum
1/8-1/4 l Milch oder Weißwein

- Weißbrotscheiben mit Marmelade bestreichen
- zusammensetzen
- in Backteig tauchen
- im Butterschmalz beidseitig goldgelb ausbacken
- mit Zimtzucker bestreuen

Kompotte
gedörrte Zwetschkensauce

Apfelkrapfen

Strudelteig:
15 dag Mehl
1 Ei
1 Prise Salz
1 EL Öl
1 EL Essig
lauwarmes Wasser

Fülle:
1 kg Äpfel
Zucker
Zimt
eventuell Rosinen

Milch

- die Zutaten zu einem Strudelteig zusammenkneten
- gut abschlagen, rasten lassen
- auswalken
- gehobelte Äpfel und Zucker, Zimt (eventuell Rosinen) darauf verteilen
- einrollen
- in ca. 6-8 cm dicke Scheiben schneiden
- in einer Pfanne Butter zerlaufen lassen, etwas Zucker dazugeben, Krapfen aufgestellt einschichten
- auf beiden Seiten braun anbraten
- zugedeckt fertigdünsten

Außerfern — Hauptgerichte

Topfenschmarren

1/2 kg Topfen
15 dag Mehl
6 Eier
ca. 1/8 l Milch
1 Prise Salz, 1 EL Zucker
Rosinen, Vanille
Butter zum Ausbacken

Vollmehl verwenden!

Milch

Kompotte

- Topfen mit Dotter, Vanille, Salz und Zucker schaumig rühren
- Mehl und Milch beifügen
- zuletzt den steifen Schnee und die Rosinen (vorher mit Rum einweichen) unterheben
- Butter in einer Pfanne zergehen lassen
- Masse einfüllen, auf beiden Seiten ausbacken
- zuletzt in Stücke aufreißen

Semmelschmarren

ca. 10 alte Semmeln
3/8 l Milch
3 Eier
Zucker
Rosinen
Butter zum Rösten

Milch

- Milch mit Eier versprudeln
- Semmeln würfelig schneiden, mit Eiermilch übergießen
- kurz einweichen lassen
- Butter in einer Pfanne zergehen lassen
- Semmelmasse darin rösten
- Rosinen und Zucker nach Geschmack dazugeben, mitrösten

Außerfern — Hauptgerichte

Weinnudeln

1 l Milch	◆ gesalzene Milch aufkochen
1/2 l Grieß	◆ Grieß einkochen
Salz	◆ aufquellen lassen
2-3 Eier	◆ etwas überkühlen lassen
1/2 l Glühwein	◆ Eier einrühren
Butterschmalz zum Ausbacken	◆ daumengroße Nudeln formen
	◆ in wenig Fett ausbacken
	◆ mit Glühwein servieren

 vor dem Ausbacken Nudeln panieren

Anstatt Nudeln zu formen, kann man die Masse auf ein feuchtes Blech aufstreichen, erkalten lassen und dann in Schnitten schneiden.

Topfenauflauf

75 dag Topfen	◆ Butter flaumig rühren, Dotter beifügen und mit Zucker vermischen
5 dag Butter	
2-4 Eier	
15 dag Zucker	◆ passierten, mit Rahm vermengten Topfen löffelweise unterrühren
1/8-1/4 l Rahm (Milch)	
4 EL Maizena	
1 Pkg. Vanillezucker	◆ Maizena, Zitronen, Vanillezucker und Rosinen untermengen
3 EL Sultaninen	
2 EL gehackte Mandeln	
	◆ Schnee schlagen und beifügen
	◆ in eine Auflaufform füllen und mit Mandeln bestreuen
	◆ ca. 30 - 40 Minuten backen

Außerfern 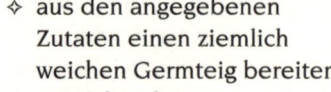 Hauptgerichte

Ziegernudeln

30 dag griffiges Mehl
2 dag Germ
1 KL Salz
3 EL Öl
2 Eier
2 Suppenkellen Zieger
(oder Bauerntopfen)
etwas lauwarme Milch

Vollgetreide verwenden!

Kompotte
Apfelmus

Milch!

- aus den angegebenen Zutaten einen ziemlich weichen Germteig bereiten
- gut gehen lassen
- Teig auf ein bemehltes Brett geben, kleine Stücke abstechen, dicke Nudeln formen
- mit bemehltem Tuch abdecken, noch einmal aufgehen lassen
- in heißem Fett zugedeckt schwimmend herausbacken (ergibt 10-12 Stücke)

gelingt nur mit echtem Bauerntopfen

Ziegernudeln

1/2 kg Bauernzieger
Salz
3 Eier
ca. 10-15 dag Mehl

Vollmehl verwenden!

grüner Salat

- Zieger mit Eier abrühren, salzen
- soviel Mehl einrühren, daß ein ganz weicher Teig entsteht
- auf bemehltem Brett daumendicke Nudeln formen
- im nicht zu heißen Fett langsam ausbacken

 ganz frisch servieren!

Außerfern 🥄 Hauptgerichte

Türkennudeln

25 dag Türkenmehl (Polenta)
1,5 l Wasser
Salz
Riahrmilch
(Kieblmilch, Buttermilch)

- Wasser mit Salz aufkochen
- Türkenmehl einrieseln lassen
- dicken Stampf daraus kochen
- überkühlen lassen
- auf ein bemehltes Blech stürzen
- bleistiftähnliche Nudeln formen
- in Butter oder Butterschmalz beidseitig goldgelb anrösten

Hollerkiachl

ca. 30 Stk. Hollerblüten
40 dag griffiges Mehl
2-3 Eier
1 Prise Salz
ca. 1/2 l Weißwein
1 Pkg. Vanillezucker
Backfett
Staubzucker und Zimt zum Bestreuen

- Mehl mit Salz und Vanillezucker vermischen
- mit Eiern und Wein zu einem Tropfteig verarbeiten
- Hollerblüten gut waschen, abtropfen lassen
- die trockenen Blüten durch den Teig ziehen
- im heißen Fett ausbacken
- mit Staubzucker und Zimt bestreuen

Vollgetreide verwenden!

keine Eier verwenden, eventuell Mineralwasser dazugeben, dann werden die Hollerkiachl knuspriger

Außerfern — Hauptgerichte

Türkenmus

3 dag Butter 3 dag Mehl 1 l Wasser Salz Türkenmehl (Polenta) Butter oder kleinwürfelig geschnittener Speck zum Abschmalzen	⬦ aus Butter und Mehl eine Einbrenn machen ⬦ mit Wasser aufgießen, salzen ⬦ soviel Türkenmehl einkochen, daß ein Mus entsteht ⬦ mit Butter oder kleinwürfelig geschnittenem und gerösteten Speck abschmalzen

Krautkrapfen

Nudelteig:
40 dag Mehl
1 Ei
Salz
lauwarmes Wasser

Fülle:
10 dag Speck
1/2 kg Kraut
Backschmalz

⬦ aus Mehl, Ei, Salz und lauwarmem Wasser einen Nudelteig bereiten
⬦ rasten lassen, dann dünn auswalken
⬦ Vierecke schneiden (ca. 10 x 10 cm)
⬦ Kraut dünsten, mit abgerösteten Speckwürfeln vermischen
⬦ Fülle auf dem Teig verteilen
⬦ zusammenschlagen
⬦ Ränder festdrücken
⬦ im schwimmenden Fett ausbacken

Außerfern — Hauptgerichte

Kässpätzle

50 dag griffiges Mehl
Salz
3 Eier
ca. 1/4 l Milch
20 dag geriebenen Käse
10 dag Butter
20 dag Zwiebel
Schnittlauch

Vollgetreide verwenden!

- Mehl, Salz, Eier und Milch zu einem Nockerlteig abrühren
- durch ein Spätzlesieb in kochendes Salzwasser einkochen
- kurz kochen lassen
- abschrecken
- Zwiebelringerln in Butter anrösten
- Spätzle in eine Auflaufform füllen
- schichtweise Spätzle, Käse, Zwiebelringe und zerlassene Butter einfüllen
- kurz überbacken, bis der Käse zerronnen ist
- mit Schnittlauch bestreut servieren

 Spätzle können auch in einer Pfanne auf der Herdplatte zubereitet werden:
- Butter zerfließen lassen
- Zwiebel anrösten
- Spätzle und Käse dazugeben und vermischen

 zum Aufwärmen:
Krautspätzle
- Spätzle aufwärmen
- anbraten, bis sie goldbraun sind
- Sauerkraut in Butter anrösten, dazugeben, vermischen

Außerfern – Hauptgerichte

Brennende Spatzeln

30 dag Mehl
1 EL Öl
2-3 Eier
Salz
ca. 1/2 l Milch
ca. 20 dag junge Brennesselblätter
20 dag geriebener Käse
1 Zwiebel
5 dag Butter

Salate
Buttermilch

anstelle Brennesseln Spinat verwenden!

- Brennesseln blanchieren, abseihen, fein hacken oder mixen
- alle Zutaten zu einem Spatzlteig abrühren
- im Salzwasser kochen, abschrecken
- feingehackte Zwiebel in Butter anlaufen lassen
- Spatzeln darin schwenken
- geriebenen Käse dazugeben und vermischen
- heiß servieren
- eventuell 1/8 l Rahm unterrühren, einmal aufkochen lassen

Leberknödel

40 dag Semmelbrot
ca. 1/4 l Milch
3 Eier
15 dag faschierte Leber
2 Zehen Knoblauch
1 Zwiebel
Salz, Pfeffer, Majoran
Thymian, Oregano
5 dag Butter
eventuell etwas Mehl
Rindsuppe

Sauerkraut
Salate

- würfelig geschnittenes Knödelbrot mit heißer Milch angießen
- feingeschnittene Zwiebel in Butter andünsten
- mit den restlichen Zutaten zu einem Knödelteig abmischen
- Knödel formen und im Salzwasser oder Dampf (bzw. Backfett) garen

 Gebackene Leberknödel: im Backfett ausbacken

Fleisch – selten und rar ...

Fleisch wurde früher selten zubereitet. Es war eine besondere Rarität und Ausdruck für Wohlstand – und dieser war in einfachen Familien nicht vorhanden!
- Grundsätzlich sollte der Fleischverzehr aus gesundheitlichen Gründen auf 1-2mal pro Woche reduziert werden. Denken Sie daran, daß auch Wurst Fleisch ist!
- Bei der Auswahl sollte bewußt auf die Erzeugung und Herkunft des Fleisches geachtet werden, egal um welche Tierart es sich handelt!
- Würzen Sie Fleisch gut, vor allem verwenden Sie viele Kräuter dazu; diese fördern den Geschmack und die Bekömmlichkeit!
- Fleisch liefert uns wertvolles Eiweiß; es ist Träger vieler Mineralstoffe und soll gezielt für unsere Ernährung eingesetzt werden!
- Beim Einkauf sollten Sie auf Frische achten - Tiefgefrieren ist eine gute Möglichkeit zum Konservieren!
- Auch auf einen guten Speck oder auf ein Hauswürstl brauchen Sie nicht verzichten, denn bei einer ausgewogenen Ernährung muß auch diese Spezialität Platz haben!

Außerfern — Hauptgerichte

Wildbraten

1 kg Wildfleisch	✧ Fleisch mit Speck spicken
15 dag Speck	✧ mit Gewürzen einreiben
2 Karotten	✧ anbraten oder im Römertopf braten
1/2 Sellerie	
1 Petersilienwurzel	✧ Wurzelwerk dazugeben
1/2 Stange Lauch	✧ mit Wein aufgießen
1/2 Zwiebel	✧ unter öfterem Begießen fertiggaren
2 Zehen Knoblauch	
Salz, Pfeffer	✧ Wurzelwerk passieren (mixen)
Wacholderbeeren	
Majoran, Thymian, Rosmarin	✧ mit Rahm verfeinern
5 Tannennadeln	✧ eventuell mit 1 KL Maizena eindicken
1/4 l Rotwein	
1/8 l Rahm	✧ Preiselbeeren dazugeben
2 EL Preiselbeeren	✧ einmal aufkochen lassen

Spatzeln
Semmelknödel
Blaukraut
Gemüse

Türkenmus
Rezept auf Seite 28

Waffeln
Rezept auf Seite 39

Außerfern – Beilagen

Löwenzahnsalat (Zigoriesalat)

junge Löwenzahnblätter
Erdäpfel
Essig, Öl, Senf
Zwiebel, Knoblauch
Salz

Für die Entschlackung im Frühjahr geeignet!

- Löwenzahnblätter waschen, im kalten Wasser einweichen (dadurch verliert er Bitterstoffe)
- Erdäpfel kochen, schälen, blättrig schneiden
- mit Marinade aus Essig, Öl, Senf, Zwiebel und Knoblauch anmachen
- würzen
- zuletzt in Streifen geschnittene Löwenzahnblätter untermischen

Kümmelerdäpfel

6 große Erdäpfel
Olivenöl
3 Knoblauchzehen
Kümmel
Salz

ideale Beilage zu Grillgerichten!

mit Salaten ein gutes Abendessen!

- Erdäpfel schälen
- in ca. 1/2 cm dicke Scheiben schneiden
- Olivenöl mit Knoblauch und Salz vermischen
- Erdäpfelscheiben damit einstreichen
- Kümmel darüberstreuen
- im Rohr bei 190°C ca. 45 Minuten backen

Außerfern – Nachspeisen, Gebäck

Ehenbichler Festtagsschnitten

35 dag Mehl
20 dag Butter
10 dag Zucker
4 Dotter
etwas Backpulver
Johannisbeermarmelade

Belag:
2 KL Brösel
etwas Zimt
4 Eiklar
1/4 kg Zucker
15 dag geriebene Mandeln
3 Rippen geriebene Schokolade

- Mehl mit Zucker und Backpulver vermischen
- Butter abbröseln
- mit Dotter rasch zu einem Mürbteig verkneten
- kühl rasten lassen
- Teig auf Blechgröße dünn auswalken
- auf ein befettetes Blech legen, halbfertig backen bei 180°C Heißluft
- Johannisbeermarmelade daraufstreichen
- Belag darübergeben
- fertig backen

Belag:
- aus Eiklar sehr steifen Schnee schlagen
- Zucker dazugeben
- mit den restlichen Zutaten vermengen

noch heiß mit feuchtem Messer zu Rhomboiden schneiden!

Außerfern — Nachspeisen, Gebäck

Sauermilchsulz

1 l Sauermilch
2 EL Zucker
Schale einer ungespritzten Zitrone
6 Blatt Gelatine
2 EL Rum
1 Pkg. Vanille

- Gelatine in kaltem Wasser einweichen
- 2 Löffel Wasser erhitzen, Gelatine darin auflösen
- Milch mit Zucker, Rum, Vanille, Zitronenschale und der aufgelösten Gelatine vermischen
- in mit kaltem Wasser ausgeschwenkte Formen füllen
- einige Stunden kaltstellen
- stürzen, mit gemixten Früchten servieren
- verschiedene Früchte, je nach Jahreszeit, mixen, mit Zitronensaft und Zucker oder Honig abschmecken - Sulze damit garnieren!

Schokoladetraum

1/4 kg Butter
1/4 kg Staubzucker
1/4 kg geriebene Mandeln oder Nüsse
1/4 kg erweichte Schokolade (nicht zu warm!)

- Butter und Staubzucker schaumig rühren
- Schokolade und Nüsse dazumengen
- kühl stellen
- Kugerl formen
- mit einer halben Mandel verzieren
- bei 150°C langsam backen

 Backtemperatur eher niedrig halten!

Außerfern — Nachspeisen, Gebäck

Hefewaffeln

3/4 l Milch
1/2 kg Mehl
3 dag Butter
3-4 Eier
2 dag Germ
1 Prise Salz
Zucker und Zimt zum Bestreuen

- Mehl, lauwarme Milch, zerlassene Butter, Dotter und Germ zu einem dicklichen Teig anrühren
- Eiklar zu festem Schnee schlagen, locker untermischen
- ca. 1 Stunde zugedeckt an einem warmen Ort gehen lassen
- Waffeln backen
- mit Zucker und Zimt bestreuen

Germkeks

33 dag Mehl
25 dag Butter
2 dag Germ
2-3 EL Milch
Salz
10 dag Zucker

ohne Zucker ist es ein Salzgebäck: vor dem Backen mit Ei bestreichen und eventuell mit Kümmel und Käse bestreuen

- Mehl, Zucker und Butter abbröseln
- mit Dampfl vermischen
- Teig kneten
- 3 Stunden im Schnee oder Kühlschrank rasten lassen
- auswalken
- Streifen radeln
- backen bei 180-190°C Heißluft
- mit Zucker bestreuen

Außerfern — Nachspeisen, Gebäck

Einfache Keks

1 1/2 kg Mehl
3/4 kg Zucker
1/4 kg zerlassene Butter
1 Backpulver
1 Vanille
Salz
2 EL Anis
1 dag Natron
1 dag Hirschhornsalz
2-3 Eier
1/2 l Milch

- alle Zutaten gut verkneten
- Teig messerrückendick auswalken
- runde Scheiben ausstechen
- bei 180°C hell backen

Vollgetreide verwenden!

Waffeln

30 dag Butter
30 dag Zucker
30 dag Mehl
8 Eier

Dinkel oder Weizen (fein vermahlen) anstatt normales Weizenmehl verwenden

- Butter flaumig rühren
- Eier dazugeben
- mit Zucker gut vermischen
- Mehl nach und nach beimengen
- und noch einmal gut durchrühren
- Form befetten (Waffeleisen)
- goldgelb backen

 mit Staubzucker, vermischt mit Vanillezucker und Zimt bestreuen

Streuselkuchen

Teig:
25 dag Topfen
9 EL Öl
9 EL Milch
10 dag Zucker
45 dag Mehl
Obst zum Belegen

Streusel:
25 dag Mehl
15 dag Butter
15 dag Zucker
Zimt

fein gemahlenen Weizen oder Dinkel verwenden

- Topfen mit Öl, Milch und Zucker verrühren
- die Hälfte des Mehls dazurühren
- mit dem restlichen Mehl zu einem weichen Mürbteig verkneten
- ein befettetes Backblech mit dem Teig auslegen
- Früchte darauf verteilen (Moosbeeren, Ribisel, Zwetschken ...)
- mit Streusel abdecken
- ca. 3/4 Stunden bei 180°C backen

Streusel:
- Butter in einer Pfanne zerlaufen lassen
- Mehl, Zucker und Zimt damit vermischen
- abbröseln und über die Früchte geben

Außerfern – Nachspeisen, Gebäck

Grammelkuchen

30 dag Grammeln
30 dag geriebene Walnüsse
4 Eier
25 dag Zucker
1 Pkg. Vanille
Rum
Zimt
30 dag Dinkel
1 Pkg. Backpulver
eventuell etwas Milch
Marmelade

- Grammeln faschieren
- alle trockenen Zutaten miteinander vermischen
- Eier dazugeben
- zu einem Mürbteig zusammenkneten
- ein wenig Teig für das Gitter auf die Seite geben
- den restlichen Teig auswalken
- auf ein Blech geben und mit Marmelade bestreichen
- das Teiggitter auflegen
- bei mittlerer Hitze backen

Außerfern ❧ Verschiedenes

Molkehonig

1 1/2 l Molke
2 kg Zucker

- 1 Stunde sprudelnd kochen lassen
- dann 2-3 Stunden langsam weiterköcheln
- nicht abschäumen
- in Gläser füllen und verschließen

Nuanzen

Magermilchtopfen
Salz
Kümmel

- selbsterzeugten Topfen gut abtropfen lassen (am besten über Nacht)
- mit Salz und Kümmel gut durchkneten
- Kegel formen, trocknen lassen, bis sie ganz hart sind (mindestens 1 Woche, eventuell am Balkon)
- dann täglich mit Salzwasser waschen
- mit feuchtem Tuch bedecken
- in der Speis reifen lassen (kühler Raum)

Milch ist mehr als ein Getränk ...

Rohmilch enthält viele Nährstoffe, Vitamine und Mineralstoffe in hoher biologischer Wertigkeit, daher ist Milch ein wichtiges Lebensmittel für unsere Gesundheit.

Mit Milchprodukten ist für Abwechslung auf unserem Speiseplan gesorgt, denn sie läßt sich sehr vielfältig zu verschiedensten Produkten "veredeln".

Dabei können einige Tips nützlich sein:
- Milch ist ein "sensibles" Produkt, daher ist Sauberkeit und genaues Arbeiten unbedingt erforderlich.
- Milch zu Sauermilchprodukten verarbeitet, ergibt eine leichtere Verdaulichkeit, da das Milcheiweiß bereits "vorverdaut" ist.
- Bei der Verarbeitung von Milch zu Butter und Topfen empfiehlt es sich, die Säuerung des Rahmes und der Magermilch durch Zugabe von Sauermilchbakterien (aus einem Packerl) zu lenken (konstante Qualität).
- Für die Bereitung von Käse braucht es einige Erfahrung und Übung, daher ist es sinnvoll vorher Kurse zu besuchen bzw. Gespräche mit Erzeugern zu suchen.

"Eine Kuh deckt den Tisch", heißt ein alter Spruch. Mit viel Fleiß und guten Ideen kann dieser sehr vielfältig und abwechslungsreich gedeckt werden.

Mahlzeit und Gesundheit mit Milch und Milchprodukten, am besten direkt vom Bauernhof!

Außerfern – Verschiedenes

Weichkäse

Vollmilch
Sauermilch

Dieser Käse eignet sich sehr gut zum Einlegen in Öl mit verschiedenen Kräutern

- Milch auf 32°C erwärmen
- Sauermilchbakterien, ca. 1 EL/l Milch (1/2% der Milchmenge) zusetzen
- 20 Minuten reifen lassen
- 1/2 KL Lab mit 1/8 l kaltem Wasser vermischt (bei ca. 10 l Milch) in die ca. 30°C Milch einrühren
- Milch soll in 30-40 Minuten dickgelegt sein
- Bruch von 3 x 3 cm Würfel schneiden
- ca. 1/4 Stunde ruhen lassen
- Bruch mit einer Teigkarte 2-3mal umlegen (verziehen), nicht verrühren
- in gelochte Formen abschöpfen, anfangs in kurzen, später in längeren Abständen umdrehen (4-6mal)
- nach 6-8 Stunden Käse aus der Form nehmen
- in einem warmen Raum stehen lassen
- mit Salz einreiben oder in 18-20% Salzbad legen (für ein 20 dag großes Stück rechnet man ca. 3 Stunden)
- kühl und luftig lagern, täglich wenden

Außerfern — Verschiedenes

Topfen mit Lab

5 l Vollmilch oder Magermilch
1/8 l Sauermilch
1 Tropfen Lab

- Milch nach dem Melken bei ca. 28°C mit Sauermilchkultur (aus einem Sauermilch-packerl) impfen
- ca. 2 Stunden stehen lassen
- bei ca. 20°C mit Lab versetzen (1 Tropfen Lab mit 1/8 l kaltem Wasser vorher verrühren)
- nach ca. 4-6 Stunden soll die Milch dick sein
- in Würfel schneiden (1 x 1 cm)
- ca. 10 Stunden stehen lassen
- Molke tritt aus, Topfen setzt sich unten ab
- abseihen, einige Stunden gut austropfen lassen
- mit der Küchenmaschine mixen (Mixer)

Mit Vollmilch wird der Topfen geschmeidiger, dieser Topfen eignet sich sehr gut zur Herstellung von Torten und anderen Süßspeisen.

Lab immer im Kühlschrank aufbewahren, es baut sich mit der Zeit ab, dann stärkere Konzentration verwenden!

Lab und Thermometer sind bei der Firma Hundsbichler in Kufstein, eventuell auch in Apotheken, Drogerien oder Käsereien erhältlich!

Außerfern – Verschiedenes

Karamelzuckerl (Hustenzuckerl)

1/2 l Milch
1/2 kg Zucker

- Milch mit Zucker unter ständigem Rühren kochen, bis sie leicht bräunlich ist
- ein Kuchenblech mit Öl bestreichen
- die Masse einschütten und gleichmäßig verteilen
- mit beöltem Messer schneiden (Linien ziehen, damit man die Zuckerln nach dem Erstarren in kleine Würfel brechen kann)

Hollerlikör

1 l abgerebelte Hollerbeeren
1 l Wasser
1/4 kg Zucker
1 Zimtstange
2 Nelken
1/4 l Obstler
1/4 l Rum

- Hollerbeeren mit Wasser und Gewürzen 1/2 Stunde kochen
- abseihen
- mit Zucker und Vanillezucker aufkochen
- abkühlen lassen
- Alkohol dazugeben

Wem das Abrebeln zuviel Arbeit macht, kann den Holler auch dampfentsaften

 mit Weißwein aufspritzen: ergibt einen gesunden Aperitiv!

Außerfern & Verschiedenes

Hollerpunsch

10 l Wasser
3/4 kg Zucker
1/4 l Weinessig oder Apfelessig
2-3 Zitronen ungespritzt oder
1 Handvoll Zitronen-
melissenblätter
25 Hollerblüten

✧ alle Zutaten vermischen
✧ 24 Stunden in der Sonne stehen lassen
✧ abseihen
✧ in Flaschen füllen und verschließen

anstatt Hollerblüten:
Lindenblüten
Schafgarben
Erdbeerblätter
Schwarze Johannisbeerblätter
Waldmeister
Zitronenmelisse

 *Je mehr Kräuter verwendet werden, umso intensiver schmeckt das Getränk.*

Holunderessig

10 Hollerblüten
2 l Weinessig oder Apfelessig

✧ Blüten mit Essig übergießen
✧ 14 Tage in der Sonne zugedeckt stehen lassen
✧ abseihen und abfüllen

 In kleine Flaschen abgefüllt mit selbstgestalteten Etiketten ist dieser Essig ein besonderes Mitbringsel.

Außerfern Verschiedenes

Johannisöl

Johanniskrautblüten
kaltgepreßtes Öl
(Oliven- oder Sonnenblumenöl)

- ✧ Johanniskrautblüten abzupfen
- ✧ in eine Flasche füllen
- ✧ mit Öl auffüllen
- ✧ mindestens 3 Wochen an der Sonne stehen lassen (das Öl färbt sich rot)
- ✧ abseihen
- ✧ in dunklen Flaschen aufbewahren

 hilft bei allen Verbrennungen (auch Sonnnenbrand), äußerlich einreiben

Arnikaschnaps

guter Bauernobstler
oder echter Kornschnaps
Arnikablütenblätter

- ✧ Arnikablütenblätter abzupfen
- ✧ in Schnaps ansetzen
- ✧ mindestens 3 Wochen an die Sonne stellen
- ✧ abseihen und abfüllen

 *bei Verstauchungen und Verrenkungen einreiben; zum Desinfizieren von Wunden*

Oberland

Im Tiroler Oberland mit seinem inneralpin geprägten Klima war der Mais ("Türggen") eine ganz wichtige Nahrungspflanze. Ob als Mus, Wirler oder Tarpl, er war fast das Hauptnahrungsmittel.

So heißt es auch: "A Türgg'acker isch a halbe Bauernschaft."

In den kargen Gegenden des Oberlandes wurde oft so mit Schmalz und Butter gespart, daß man sich in manchen Orten die Geschichte vom allzu trocken ausgefallenen Mus erzählt. Wenn es zum Auskühlen vor der Tür stand, konnte es leicht von einem Windstoß auf die andere Talseite getrieben werden.

Eine Oberländer Spezialität sind die Drucknudeln. Der Nudelteig wurde meistens aus Maismehl hergestellt, durch die "Nudeldruck" gepreßt, im Salzwasser gekocht und in heißer Butter geschwenkt.

Das folgende Inventar zur Hinterlassenschaft des Lukas Scharmer in Untermieming von 1793* gibt uns Einblick in Vorräte und Küche eines bäuerlichen Haushaltes:

Im Keller:
4 Star Erdäpfel
60 Pfund Schmalz
6 Pfund Butter
2 Krautprenten so halb mit Kraut gefüllt
Zwey Krautkübelen
Ein Nudeldruck
In der Stubenkammer:
geselchtes Fleisch von einer ganzen Kuhe
Spöck und Fleisch von einem ganzen Schwein
22 Star Tirken 8 Star Gersten
5 Star Weizen
3 Star Visöln (Bohnen)
1 Star Erbslen
2 Star Salz

Ein Zettlbrett (Krauthobel)
In der Küche:
Acht eiserne Pfannen
Ein deto kupferne
Drey glockspeisen Hafen
Ein kupferner deto
Sieben große erdene Schüsseln
Ein Dreyfuß
Ein Seichgatz, drey Köllen
Ein Mueser und ein Kuchlspiß ...

*Actum Untermiemingen, Gericht St. Petersberg vom 14.3.1793 (Privatbesitz)

Eingelegtes Gemüse und Gewürzkräuter
Kräuteressig, eingelegte Zucchini, eingelegter Knoblauch,
Kräutersalz und Kräuter
Rezepte auf den Seiten 108, 119, 185, 186, 187

Bewährte Heilmittel
Wermutwein, Ringelblumenschnaps, Johannisöl,
Arnikaschnaps, Pechsalbe, Beinwellsalbe,
Rosmarinwein, Ringelblumensalbe
Rezepte auf den Seiten 48, 76, 121, 166, 189, 190

Oberland ~ Suppen

Erdäpfelsuppe

3 große Kartoffeln
1 Karotte
1 Zwiebel
Salz, Kümmel
Majoran, Lorbeerblatt,
Petersilie
1-1,5 l Wasser
3 dag Mehl
3 dag Butter

- feingeschnittene Zwiebel in Butter anlaufen lassen
- Mehl hell anschwitzen lassen
- mit Wasser aufgießen
- würfelig geschnittene Erdäpfel, Karotte und Gemüse dazugeben
- leicht köcheln lassen
- abschmecken

würfelig geschnittenen Speck mitkochen

Rahmsuppe

6 Scheiben Schwarzbrot
3/4 l Wasser
Salz
1/4 l saurer Rahm

Kümmel dazugeben

- Schwarzbrotwürfel im Rohr bähen
- Wasser mit Salz aufkochen
- Rahm dazugeben
- Brotwürfel damit übergießen
- vor dem Essen etwas ziehen lassen

Oberland Suppen

Brennsuppe

5 dag Butter
5 dag Mehl
1 l Wasser
1/8 l Rotwein
1 Lorbeerblatt
Kümmel
2-3 rohe Kartoffeln
Ziegerkäse

würfelig geschnittenen Bergkäse anstatt Zieger dazugeben!

- Mehl in Butter anrösten, bis es leicht braun wird
- mit Wasser aufgießen
- Gewürze und Wein dazugeben
- Kartoffel blättrig schneiden, mitkochen
- mit geriebenem Zieger servieren

Kassuppn

5 dag Butter
1 kleine Zwiebel
10 dag Bergkäse
10 dag Graukäse
3/4 l Wasser
1/4 l Rahm
2 Erdäpfel
Salz, Pfeffer, Kümmel
Schnittlauch
2 Schwarzbrotscheiben

- feingeschnittene Zwiebel in Butter anrösten
- rohe Erdäpfel kleinwürfelig schneiden, ebenso Graukäse und Bergkäse
- diese Zutaten mit Wasser zur Zwiebel geben
- ca. 20 Minuten leicht köcheln lassen
- würzen
- zuletzt Rahm dazugeben, einmal aufkochen lassen
- mit gerösteten Schwarzbrotwürfeln und Schnittlauch bestreuen

Oberland Suppen

Milchsuppe

1 l Milch
1/4 l Wasser
etwas Salz
dünngeschnittenes Schwarzbrot

2 große gekochte, geriebene Kartoffel zusätzlich dazugeben

- ✧ Brotscheiben (und Kartoffel) mit der kochenden Flüssigkeit übergießen
- ✧ vor dem Essen ziehen lassen

Bärlauchsuppe

3 dag Butter
3 dag Mehl
ca. 1 l Milch
Salz, Pfeffer, Muskat
1 große Handvoll Bärlauchblätter
1/8 l Rahm
2 Dotter

- ✧ Mehl in Butter anschwitzen
- ✧ mit Milch aufgießen
- ✧ würzen
- ✧ feingeschnittene Bärlauchblätter dazugeben
- ✧ zuletzt Rahm vermischt mit Dotter einrühren
- ✧ kurz aufkochen lassen

Oberland 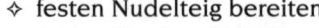 Hauptgerichte

Hasenohren

Teig:
40 dag Mehl
1 Prise Salz
2 Eier
2 EL Rum
5 dag Butter
etwas warme Milch

- ✧ festen Nudelteig bereiten
- ✧ 1 Stunde ruhen lassen
- ✧ messerrückendick auswalken
- ✧ Vierecke ausradeln
- ✧ in Fett schwimmend goldgelb backen
- ✧ mit Fett übergießen, damit sie aufgehen

Schlamperkraut
1/2 kg Kraut
1/2 Zwiebel
1 Knoblauchzehe
Kümmel, Lorbeerblatt
1 EL Mehl
1 EL Butter
Wacholderbeeren

- ✧ Kraut dünsten
- ✧ mit Knoblauch, Kümmel, Lorbeer, Wacholderbeeren vermischen
- ✧ eine leichte Einbrenn (mit Zwiebel) zubereiten, aufgießen
- ✧ mit dem Kraut vermischen

Oberland Hauptgerichte

Tarpl (Erdäpfelwirrler)

3/4 kg Erdäpfel
ca. 1/2 kg Mehl
Salz

Jede Art von Milch schmeckt gut dazu

- ✧ Erdäpfel kochen, schälen
- ✧ erkaltet durch die Erdäpfelpresse drücken oder aufreiben
- ✧ mit Salz und Mehl vermischen und verbröseln
- ✧ in heißem Fett rösten

Tarpl wird gegendweise verschieden benannt und mit unterschiedlichen Beilagen gegessen
*im Oberland als Tarpl bekannt, wird dazu Milch getrunken
im Unterland (Erdäpfelwirrler oder Erdäpfelmuas genannt) ißt man dazu Marmelade oder verschiedene Kompotte, eventuell auch Sauerkraut oder Salat
im Wipptal werden zuletzt Beeren (Moosbeeren, Heidelbeeren) dazugegeben und mitgedünstet, dazu trinkt man Milch.*

keine frischen Erdäpfel verwenden, da sie zuviel Flüssigkeit enthalten und der Tarpl klumpig wird.

Dinkel oder Weizen (fein vermahlen) anstatt normales Weizenmehl verwenden

Oberland — Hauptgerichte

Kaskiachl

6 Scheiben Stangenkäse,
ca. 3mm dick

Backteig:
20 dag Mehl
2 Eier
Salz
ca. 1/8 l Bier
Backfett

Grüner Salat

Vollgetreide verwenden!

Milch

- Mehl, Eier, Salz und Bier zu einem Backteig verrühren
- Käsescheiben in Mehl drehen
- in Backteig eintauchen
- sofort im schwimmenden Fett goldbraun auf beiden Seiten ausbacken

Blutmandl

1/4 l Schweineblut
1/4 l Milch
1 kleine geröstete Zwiebel
2 Knoblauchzehen
Salz, Pfeffer, Majoran
1 Schweinenetz
1 Handvoll Knödelbrot

geröstete Erdäpfel
Sauerkraut

- Blut ständig rühren, damit es nicht gerinnt
- mit Milch und Gewürzen vermischen
- in eine Reindl das Schweinenetz legen - es soll über den Rand hinaushängen
- das Knödelbrot darübergeben
- die Blutmasse eingießen
- mit dem Netz abdecken
- im Rohr bei ca. 200°C solange backen, bis das Netzfett oben knusprig wird.

Oberland — Hauptgerichte

Kluanmehlnudeln

30 dag Kluanmehl
(= sehr feines Maismehl)
25 dag Weizenmehl
1 Ei
Salz
etwas Wasser
Butterschmalz zum Anbraten
1/8-1/4 l Sauerrahm

Vollmehl verwenden, eventuell 1 Ei mehr!

Buttermilch oder gestockte Milch!

Salate!

- alle Zutaten zu einem festen Teig vermischen
- gut durchkneten
- zugedeckt mindestens 1/2 Stunde stehen lassen
- dann tellergroße dünne Blätter austreiben
- auf ein bemehltes Tuch zum Antrocknen auflegen (ca. 1/2-1 Stunde lang)
- dann leicht mit Grieß bestreuen, zusammenrollen (Teigblätter dürfen nicht zu trocken sein, sonst werden sie brüchig)
- wie Fritatten aufschneiden - die Nudeln dürfen nicht zusammenkleben
- in einer Pfanne etwas Butterschmalz erhitzen
- Nudeln darin anrösten
- zum Schluß mit Sauerrahm aufgießen und eindämpfen lassen
- heiß servieren

Oberland — Hauptgerichte

Biastkuchen

1/2 l Biast (= erste Milch nach dem Abkalben)
2 gestrichene EL Mehl
1 Messerspitze Backpulver
1 Messerspitze Salz
Zucker und Zimt zum Bestreuen

Kompotte!

Milch in jeder Form!

- Reindl ausfetten
- Biastmilch mit Mehl, Backpulver und Salz versprudeln
- einfüllen
- ca. 1/2 Stunde goldgelb backen (180°C Heißluft)
- mit Zucker und Zimt bestreuen
- heiß servieren

Erdäpfelgulasch

3/4 kg Erdäpfel
1 große Zwiebel
10 dag Bauchspeck
2 Karotten
1 Lauchstange
1 KL Paprika
1 Spritzer Essig
ca. 1 l Wasser
Kümmel, Salz, Majoran

Milch

- würfelig geschnittenen Speck glasig anlaufen lassen
- feingeschnittenen Zwiebel mitrösten
- Paprikapulver dazugeben
- mit einem Spritzer Essig ablöschen
- mit Wasser aufgießen
- Erdäpfel in große Würfel schneiden und dazugeben
- Karotten und Lauch klein schneiden, mitkochen
- würzen
- zuletzt eventuell mit Teigerl binden (1/8 l kaltes Wasser mit 1 EL Mehl gut versprudeln und einrühren)

Oberland — Hauptgerichte

Wassermus

10 dag Speck
1 l Wasser
ca. 10 EL feines Türkenmehl
(= Maismehl)

*vorher aus 5 dag Butter und
5 dag Mehl eine
Einbrenn bereiten, dann erst
aufgießen und Türkenmehl
einrühren*

*Speck weglassen und mit
Käse bestreuen*

- ✧ kleinwürfelig geschnittenen Speck anrösten
- ✧ mit Wasser aufgießen
- ✧ Türkenmehl einrühren
- ✧ leicht salzen
- ✧ langsam kochen lassen, bis am Boden der Pfanne eine dicke "Scharra" ist

Weinmus

1/2 l Wasser
1/2 l Rotwein
6 EL glattes Mehl
6 EL griffiges Mehl
1 Prise Salz

schnelles Abendessen!

- ✧ Wasser und Wein vermischen, leicht salzen
- ✧ Mehl einrühren
- ✧ unter ständigem Rühren zum Kochen bringen
- ✧ nach Geschmack süßen

Oberland — Hauptgerichte

Erdäpfelnocken (Apfelnocken)

3/4 kg Erdäpfel
2-3 Eier
Salz
etwas Mehl

anstatt Erdäpfel rohe, grob geriebene Äpfel verwenden!

Vollmehl verwenden!

Milch

zu Erdäpfelnocken etwas Salat oder Sauerkraut

- gekochte, kalte Erdäpfel schälen
- aufreiben und salzen
- mit Mehl und Ei binden
- mit einem Löffel Nocken formen
- auf beiden Seiten in wenig Butterschmalz rösten

Gschnittene Nudeln (Schneidnidei)

30 dag Mehl
1 Ei
Salz
lauwarmes Wasser
Salzwasser
20 dag geriebener Käse
5 dag Butter
1 Zwiebel
Schnittlauch

Vollgetreide verwenden!

Salate
Tomatensauce

- Nudelteig bereiten
- gut durchkneten
- auswalken
- Nudeln schneiden
- in Salzwasser bißfest kochen
- abschrecken
- Zwiebel in Butter anrösten
- Nudeln dazugeben
- zuletzt Käse untermischen
- mit Schnittlauch servieren

Oberland Hauptgerichte

Kräuterforelle

6 Forellen
Rosmarin
Salbei
Petersilie
Estragon
und andere Kräuter nach
Geschmack
Salz
Zitronensaft
Butter
etwas Mehl

- Forellen säubern, mit Zitronensaft einreiben, leicht salzen
- Bauch mit etwas Butter und Kräuter füllen
- in Mehl tauchen und in Butter braten
- mit Zitronenscheiben und Petersilie servieren

Petersilerdäpfel
Salat

ein gutes Glas Weißwein, denn "ein Fisch muß beim Essen schwimmen!"

Oberland Beilagen

Oberländer

1 kg Erdäpfel
Butterschmalz
Salz

Spiegelei und Salat

- Erdäpfel schälen
- feinblättrig direkt in eine Pfanne hobeln (etwas Butterschmalz vorher in die Pfanne geben)
- solange rösten bis die Erdäpfel durch sind
- zuletzt salzen

Eingebrannte Erdäpfel

1/2 kg Erdäpfel
1 Zwiebel
3 dag Butter
3 dag Mehl
ca. 1/2 l Wasser
1 Schuß Essig
Knoblauch
Salz
Petersilie

paßt gut zu Geselchtem, zu Schweinshaxen oder gekochtem Rindfleisch

- Erdäpfel kochen, schälen
- erkaltet in Scheiben schneiden
- Zwiebel und Knoblauch in Butter anlaufen lassen
- Mehl anbräunen
- mit Wasser aufgießen, gut versprudeln
- würzen
- Erdäpfel einlegen und einmal aufkochen lassen

Oberland ❧ Beilagen

Bachlkress

Brunnenkresse
Erdäpfel
Essig, Öl, Senf
Salz
Zwiebel

*ein gesunder, guter
Frühlingssalat!*

- Erdäpfel kochen, schälen, blättrig schneiden
- aus Essig, Öl, Senf, Salz und feingehackte Zwiebel eine Marinade bereiten
- Erdäpfel damit anmachen
- zuletzt Bachlkresse daruntermischen

Gedörrte Zwetschkensauce

25 dag gedörrte Zwetschken
2 EL Zucker
1/2 KL Zimt
1 Messerspitze Nelkenpulver
1/2 l Rotwein

- Zwetschken mit Wein, Zucker und Gewürzen aufkochen
- heiß zu fettgebackenen Speisen servieren

Oberland — Nachspeisen, Gebäck

Erdäpfelschnitten

3 Eier
25 dag Zucker
1 Zitrone
1 EL Rum
15 dag gekochte, passierte Erdäpfel
15 dag geriebene Haselnüsse
12 dag Mehl
1 Pkg. Backpulver

Glasur:
25 dag Staubzucker
Saft 1/2 Zitrone
1-2 EL heißes Wasser
1 EL Rum

- Eier mit Zucker, Vanille, Zitronensaft und Schale und Rum schaumig rühren
- gekochte, passierte Erdäpfel, Nüsse und Mehl vermischt mit Backpulver unterheben
- auf ein Backblech aufstreichen
- bei 170°C ca. 40-45 Minuten backen
- erkaltet glasieren

Glasur:
- Alle Zutaten zu einer glatten Masse zusammenrühren!

Vollmehl verwenden!

vor dem Glasieren mit heißer Marmelade bestreichen!

Nui Schmalz

1/2 l Milch
6 dag glattes Mehl
1 Prise Salz
1 Prise Zucker
1/4-1/2 kg Butter
Honig

- Mehl in Milch einkochen
- Salz und Zucker dazurühren
- zu einem dicken Brei einkochen
- handwarm auskühlen lassen
- dann zimmerwarme Butter langsam unterrühren bis es schön weiß und flaumig ist
- über Nacht im Kühlschrank stehen lassen
- mit Honig übergossen servieren

Als Nachspeise eine Delikatesse - kann man auch zu Waffeln und Krapfen servieren! Diese Speise wurde früher nur zum Kirchtag zubereitet!

Oberland — Nachspeisen, Gebäck

Erdäpfeltorte

20 dag Butter
20 dag Staubzucker
3 Eier
2 Rippen erweichte Schokolade
1/8 l Milch
1 Stamperl Rum
15 dag gekochte, grob geraffelte Erdäpfel
10 dag geriebene Nüsse
1/2 KL Zimt
1 Messerspitze Nelkenpulver
15 dag Mehl
1 1/2 KL Backpulver

Schokoladecreme:

25 dag Butter
1 Dotter
5 dag Staubzucker
1/8 l Milch
8 dag Zucker
1/2 EL Maizena
2 Rippen Schokolade

Vollgetreide verwenden!

- Butter mit Zucker und Dotter schaumig rühren
- erweichte Schokolade und Geschmackszutaten einrühren
- Eiklar zu festem Schnee schlagen
- Erdäpfel, Nüsse, Mehl vermischt mit Backpulver abwechselnd mit Milch und Abtriebmasse unterheben
- in eine befettete Tortenform füllen
- bei 160-170°C ca. 70 Minuten langsam backen
- erkaltet zweimal durchschneiden, mit Creme füllen, außen damit bestreichen und beliebig verzieren

Creme:

- Butter, Zucker und Dotter schaumig rühren
- Milch, Zucker, Maizena und Schokolade unter ständigem Rühren einmal aufkochen
- kalt rühren
- zur Fettmasse geben und noch einmal gut durchrühren

Oberland — Nachspeisen, Gebäck

Flachszöpfe

1/2 kg Mehl
1/4 kg Butter
2 Eier
2 dag Germ
1 Pkg. Vanille
1 Prise Salz

Vollmehl verwenden!

- Dampfl bereiten
- Mehl, Butter, Salz und Vanille verbröseln
- mit Eiern und Dampfl rasch zusammenkneten
- kleine Zöpfe drehen
- in grobem Zucker wälzen
- gehen lassen
- ca. 20 Minuten langsam backen (180°C Heißluft)

Eiweißkuchen

8 Eiklar
10 dag Butter
17 dag Zucker
18 dag Schokolade
10 dag griffiges Mehl

ideale Eiweiß-Verwendung!

Vollmehl verwenden!

- Eiklar zu festem Schnee schlagen
- Butter mit Zucker und erweichter Schokolade (nicht zu warm) flaumig rühren
- abwechselnd Mehl und Abtrieb in den Schnee einheben
- langsam backen
- eventuell mit Schokoladeglasur überziehen

*Ofennudeln (Buchteln, Wuchteln, Rohrnudeln)
bestens bekannt mit Vanillesauce
Rezept auf Seite 90*

Brot
Rotholzer Vollkornbrot, Salzstangerl,
Neidegger Hausbrot, Brezen
Rezepte auf den Seiten 115, 162, 163, 164

Oberland — Nachspeisen, Gebäck

Joghurtkuchen

25 dag Butter
40 dag Zucker
4 Eier
6 Rippen erweichte Schokolade
1/2 l Joghurt
1 Löffel Rum
40 dag Mehl
5 dag Nüsse
1 Pkg. Backpulver

anstatt Joghurt Buttermilch oder Sauermilch verwenden!

Vollgetreide verwenden!

- Butter mit Zucker und Dotter schaumig rühren
- erweichte Schokolade und Rum dazugeben
- Eiklar mit 1 Prise Salz zu steifem Schnee schlagen
- Mehl mit Backpulver vermischen
- Nüsse und den Abtrieb abwechselnd mit Joghurt in den Schnee unterheben
- in eine Springform füllen
- ca. 3/4-1 Stunde bei 180°C Heißluft backen

Ölgugelhupf

10 dag Öl
4 Eier
1/4 kg Staubzucker
Saft und Schale einer ungespritzten Zitrone
1/8 l Wasser
28 dag Mehl
1/2 Pkg. Backpulver
Vanille

bleibt sehr lange saftig!

Vollmehl verwenden!

- Öl, Dotter, Zucker und Geschmackszutaten schaumig rühren
- Eiklar zu festem Schnee schlagen
- abwechselnd Dottermasse, Mehl vermischt mit Backpulver und Wasser unterheben
- ca. 3/4-1 Stunden langsam backen (170-180°C Heißluft)

Oberland — Nachspeisen, Gebäck

Bratäpfel

6 Äpfel
(am besten Boskoop oder eine alte Landsorte)
Ribiselmarmelade zum Füllen
Butterflocken zum Bestreuen

als besondere Beilage zu Wildgerichten geeignet!

ideale Nachspeise im Winter!

- Kerngehäuse ausstechen
- Marmelade in das Loch geben
- in eine befettete Auflaufform geben
- mit Butterflocken belegen
- im Rohr ca. 30 Minuten bei 180°C braten

 Vanille dazu servieren!

 Füllung aus geriebenen Walnüssen, Zucker, Zimt und Rahm bereiten!

Ongsanats

1 Zeile
ca. 1/2 l Milch
10 dag geriebenen Mohn
10 dag Zucker
Zimt
15 dag zerlassene Butter

- Zeile in Scheiben schneiden
- in warme Milch tunken
- Brot abwechselnd mit Mohn-Zucker-Zimt-Gemisch in Lagen in eine Schüssel schichten
- mit zerlassener Butter übergießen

Oberland — Nachspeisen, Gebäck

Zwetschkenfleck

Gerührter Germteig:
40 dag Mehl
15 dag Zucker
15 dag Butter
4 Eier
1 Pkg. Germ
1 Pkg. Vaniellezucker
1 EL Rum
1 Prise Salz
ca. 2 EL lauwarme Milch

Belag:
1 kg Zwetschken

Streusel:
30 dag Mehl
20 dag Butter
1 KL Zimt
15 dag Zimt

- Butter, Zucker und Eier mit Geschmackszutaten schaumig rühren
- Germ mit Milch auflösen
- abwechseln mit Mehl untermischen
- ca. 15 Minuten gehen lassen (warmer Ort)
- auf ein befettetes Blech streichen
- dick mit halbierten Zwetschken belegen (Innenseite nach oben)
- mit Streusel abdecken
- ca. 45 Minuten bei 180°C Heißluft backen

Streusel:
- Butter in einer Pfanne zerlaufen lassen
- Mehl, Zucker und Zimt damit verschmischen
- abbröseln und über Zwetschken geben

Spitzwegerichsirup

Spitzwegerichblätter
Zucker

Hausmittel gegen alle Lungenerkrankungen

- 5 l Glas mit großer Öffnung 2-3 cm mit frischen Spitzwegerichblättern bedecken
- Zucker darübergeben
- lagenweise Zucker und Spitzwegerich einschichten
- über Nacht stehen lassen (sinkt zusammen)
- am nächsten Tag weiter auffüllen
- gut verschließen
- im Garten eingraben
- 3 Monate in der Erde ziehen lassen (über den Sommer)
- herausnehmen, abseihen und abfüllen

Oberland ❦ **Verschiedenes**

Hustensaft

1 kg Fichtenwipferl
1 kg Föhrenwipferl
1,20 kg Zucker
1/2 l Wasser
2 ungespritzte Zitronen
2 Handvoll Spitzwegerich
3 Handvoll Almrosenblüten

hilft, wenn nichts mehr hilft!

- Zucker und Wasser aufkochen und auskühlen lassen
- Wipferl dazugeben
- 2 ungespritzte Zitronen in Scheiben schneiden, dazugeben
- in ein Glas füllen
- 1 Woche in die Sonne stellen
- dann Spitzwegerich und Almrosenblüten dazugeben
- wieder 2 Wochen stehen lassen
- abfiltern und abfüllen

Ziegenmilch-Zugsalbe

1/4 l Ziegenmilch
1-2 Stk. Kernseife

- Ziegenmilch erhitzen
- Kernseife fein reiben
- dazugeben
- solange kochen, bis eine dicke Salbe entsteht

Oberland — Verschiedenes

Einreibung bei Prellungen

1/2 l Schnaps oder Vorlauf
2 Würfel echter Kampfer und
1 kleiner Teelöffel Menthol
(beides aus der Apotheke)
4 EL Olivenöl

- alle Zutaten zusammenmischen
- als Einreibung verwenden

Wermutwein

1 l guter Rotwein
1 Zweig Wermut

- Wermut mindestens 3 Wochen im Wein ausziehen lassen
- abseihen
- täglich 1 Stamperl trinken

hilft bei Magenbeschwerden

Zitronensaft

1 kg Zucker
3 dag Zitronensäure
3 ungespritzte Zitronen Schale und Saft
1 l Wasser

- Zucker mit Zitronensäure, Zitronensaft und abgeriebener Schale vermischen
- mit kochendem Wasser überschütten
- erkalten lassen
- abseihen
- in Flaschen füllen

guter Saft zum Verdünnen

Natürliche Heilmittel, erprobt und wirksam ...

Überlieferte Methoden, um Wehwehchen zu lindern, gibt es genug. Auch dieses Buch will auf einige bewährte Mittel aufmerksam machen.

Neben Salben und Säften soll die Möglichkeit des Ansatzes von Heilkräutern in Alkohol und Öl aufgezeigt werden.

Für Alkoholansätze verwenden Sie am besten einen guten Bauernschnaps, für Ansätze in Öl (z.B. Johannisöl) sollen nur kaltgepreßte Öle (Olivenöl, Sonnenblumenöl) Verwendung finden. Die Zeitdauer des Ausziehens soll mindestens 3 Wochen betragen.

Öle absehen und in dunklen Flaschen kühl lagern, da gute Öle lichtempfindlich sind.

Auch verschiedene Tees können heilsam wirken. Ein altes Hausmittel bei Grippe soll hier erwähnt werden:

Schnaps-Suppe

1 EL Butter } *karamellisieren*
1 EL Zucker
eventuell 1 EL Mehl einrühren
mit 1 Schale Wasser aufgießen - verkochen lassen
mit 1 guten Schuß Schnaps vermischen
heiß trinken und schwitzen ...
Gute Besserung!

Oberland — Verschiedenes

Moosbeerlikör
(Ribisel, Kirschen, Marillen, Himbeeren, Brombeeren, Holler ...)

1/2 kg Früchte	✧ Früchte in ein Glas geben
1/4 l Schnaps	✧ Zucker mit Wasser spinnen und ausgekühlt mit Schnaps zu den Früchten geben
1/8 l Wasser	
1/4 l Zucker	
	✧ Glas verschließen
	✧ nach 6 Wochen abseihen und in Flaschen füllen

Nußschnaps

40 grüne Walnüsse	✧ Walnüsse klein schneiden
1 kg Zucker	✧ mit Zucker, Wein und Schnaps in einem großen Glasgefäß 40 Tage lang in der Sonne stehen lassen
5 l Rotwein	
1/2 l Schnaps	
	✧ abseihen und abfüllen

 *Nüsse Ende Juli pflücken! stärkt die Nerven!*

Äpfelschnitz

Äpfel

✧ Äpfel blättrig aufschneiden
✧ in der Sonne oder im Rohr bei 60°C trocknen lassen
✧ öfters umdrehen

 Zwetschken, Marillen, Birnen ... lassen sich genauso trocknen! Wenn kleine Birnen im ganzen getrocknet werden, sollte man sie zuerst vordünsten!

 gesunde Näscherei im Winter; kann für Kompott verwendet werden Ideal wäre für das Trocknen von Obst ein Dörrapparat!

Oberland — Verschiedenes

Ribisellikör

1 kg Schwarze Ribisel
1/2 l Obstler
1/2 l Wasser
1/2 kg Zucker
1/2 l Wasser

Rohrzucker verwenden!

Zitronenmelissenblätter verwenden!

- Ribisel, Obstler und Wasser in ein Glas füllen
- mindestens 3 Wochen stehen lassen
- Zucker und Wasser aufkochen
- erkalten lassen
- Ribisel abseihen
- beide Flüssigkeiten zusammenmischen

 Je länger der Likör stehen darf, umso milder wird er im Geschmack!

Hollermarmelade mit Zwetschken

2 kg Hollerbeeren
1 kg Zwetschken
2 kg Gelierzucker

anstatt Zwetschken Birnen fein aufgeraffelt verwenden

- Hollerbeeren abrebeln
- Zwetschken entkernen, klein schneiden
- zusammen aufkochen
- Gelierzucker dazugeben
- 4 Minuten sprudelnd kochen lassen
- heiß in Gläser abfüllen

 gut geeignet als Füllung für verschiedene Germspeisen

Oberland — Verschiedenes

Joghurt

Vollmilch oder Magermilch
Joghurtbakterien

- Milch auf 85-90°C erhitzen
- ca. 10-15 Minuten stehen lassen, damit etwas Flüssigkeit verdampfen kann
- abkühlen auf 45-50°C (im Wasserbad)
- impfen mit 1-2% Joghurtkultur (1-2 EL aus einem gekauften Joghurt genügen für 1 l Milch)
- zugedeckt Temperatur halten
- nach 3-4 Stunden ist das Joghurt dick
- kühlstellen

Fruchtjoghurt:
mit verschiedenen Früchten oder Marmelade mischen
Kaffeejoghurt:
mit Löskaffee und Zucker vermischen

Joghurt aus Ziegenmilch wird dünnflüssiger!
Mit selbstgemachtem Joghurt kann 2-3mal weitergeimpft werden!

Oberland — Verschiedenes

Schissalkas

Magermilch
Sauermilchbakterien

- Magermilch mit 1-2% Sauermilchbakterien impfen
- warm stehen lassen, bis sie dick ist (1-3 Tage je nach Temperatur)
- langsam erwärmen auf ca. 45°C
- ziehen lassen
- ausschöpfen, abtropfen lassen
- mit Salz und Pfeffer verbröseln
- in einer Schüssel an einem warmen Platz reifen lassen

Dieser Käse schmeckt besonders gut auf ein Butterbrot gestrichen!

Innsbruck und Umgebung

So vielfältig wie die Landschaft in diesem Gebiet: von den hochgelegenen Seitentälern des Wipptales, dem Gemüseanbaugebiet rund um Thaur, dem Mittelgebirge usw. bis hin zur Landeshauptstadt, so vielfältig sind auch die Speisen in diesem Raum. Geprägt von den erzeugten Produkten, wie Milch, Getreide, Obst und Gemüse, ist der Speisezettel der verschiedenen Regionen.

Milch wurde vor allem in den Tälern zu Topfen, Butter und Käse verarbeitet - die zahlreichen Gerichte mit diesen Zutaten zeigen uns, wie einfallsreich die Bäuerinnen ihre Produkte zu verkochen wußten.

Obst - vor allem Äpfel - wurde zu Kompott, Nocken, Strudel, Kuchen, ... weiterverarbeitet.

Es wurde gespart. Alles, was am Hof anfiel, wurde im Haushalt verwendet, so auch das Blut beim Schlachten oder die Biastmilch nach dem Kalben der Kühe - einerseits war es billig, andererseits konnten diese Produkte durch den hohen Eiweißgehalt manche Speisen gesundheitlich aufwerten.

Die Nachbarschaft zum Südtiroler Raum macht sich bemerkbar, Nudelgerichte werden im Wipptaler Gebiet gerne gekocht, außerdem wird Spinat häufig als Beilage gereicht.

Krapfen werden sehr unterschiedlich gefüllt - entweder mit Käse und Erdäpfel, Spinat, Dörrbirnen, Mohn und Zwetschken oder mit Topfen und Moosbeeren.

Innsbruck war von jeher ein wichtiger Verkehrsknotenpunkt, und wichtige Verkehrsverbindungen zogen durchs ganze Land. Diese Tatsache läßt uns das Entstehen verschiedener Gasthöfe an den Hauptwegen erklären, die für Speis und Trank der Reisenden sorgten und mit ihren Speisen "Tiroler Kost" bekannt machten.

1580 wird in der Reisebeschreibung des Michel de Montaigne das Gasthaus "Goldene Rose" besonders hervorgehoben. Dem Berichterstatter erschien es bemerkenswert, daß in diesem Haus Fleisch- und Fischgerichte nach französischen Rezepten zubereitet wurden.

In den städtischen Haushalten wurde der heimische Speisezettel durch die italienischen und französische Küche beeinflußt. Im Umland übernahm man aber nur wenig von der ausländischen Kost.

Innsbruck Land   Suppen

Brennsuppe

6 dag Butter 8 dag Mehl 1/2 l Milch 1/2 l Wasser 1 Ei Schwarzbrotwürfel Salz	✧ Mehl in Butter anrösten, bis es leicht braun wird ✧ mit Wasser und Milch aufgießen ✧ würzen ✧ aufkochen lassen ✧ vor dem Servieren Ei einsprudeln ✧ mit Schwarzbrotwürfel servieren

Vollgetreide verwenden!

Würstlsuppe

Rindsuppe:
1/5 l Wasser
Rindsknochen
Wurzelwerk
Salz, Pfefferkörner
Maggikraut

15 dag Suppennudeln
3 Paar Würstl

Brot

kleinwürfelig geschnittenes Gemüse dazugeben!

✧ Rindsknochen in wenig Fett mit Wurzelwerk anrösten
✧ mit Wasser aufgießen
✧ Gewürze dazugeben
✧ ca. 2 Stunden leicht köcheln lassen
✧ zuletzt Würstl darin garen
✧ Suppennudeln kochen, abseihen
✧ mit Suppe und Würstl servieren

Innsbruck Land 🌶 Suppen

Lauchsuppe

1 Stange Lauch	✧ Lauch ringelig schneiden
3 dag Butter	✧ in Butter andünsten
3 dag Mehl	✧ mit Mehl stauben
ca. 1 l Milch	✧ mit Milch aufgießen
Petersilie und andere	✧ würzen
Küchenkräuter	✧ gut verkochen lassen
Salz	✧ zuletzt Kräuter dazugeben

feingewürfelten Käse zuletzt in die Suppe geben

Vollmehl verwenden!

Knoblauchsuppe

5 Zehen Knoblauch	✧ Mehl in Butter anschwitzen
3 dag Butter	✧ mit Milch aufgießen
3 dag Mehl	✧ Knoblauch dazupressen
ca. 1 l Milch	✧ würzen
Salz, Pfeffer	✧ zuletzt mit Rahm verbessern
1/8 l Rahm	✧ mit gerösteten Brotwürfeln
Brotwürfel	und Schnittlauch bestreut
Schnittlauch	servieren

Vollmehl verwenden!

je mehr Knoblauch Sie verwenden, umso intensiver wird die Suppe

Kluabakrapfen mit Dörrbirnenfüllung,
Krapfen mit süßer oder scharfer Füllung
Rezepte auf den Seiten 138, 100

*Kiachl – süß mit Marmelade gegessen,
oder scharf mit Sauerkraut
Rezept auf Seite 132*

Innsbruck Land — Suppen

Schwammerlsuppe

Eierschwammerl,
Steinpilze oder andere Pilze
3 dag Butter
3 dag Mehl
ca. 1 l Wasser
Petersilie
1 kleine Zwiebel
Salz

- feingeschnittene Zwiebel in Butter anrösten
- Pilze dazugeben, dünsten
- mit Mehl stauben
- mit Wasser aufgießen
- würzen
- aufkochen lassen
- zuletzt feingehackte Petersilie dazugeben

mit Rahm oder Eidotter verbessern!
mit kleingewürfelten Erdäpfeln strecken!

Pilze lassen sich sehr gut trocknen: an einem luftigen Platz auflegen, wenn sie trocken sind in einem Glas aufbewahren.
Nicht zuviel auf einmal verwenden, da sie sehr intensiv schmecken.

Biersuppe

3 dag Butter
3 dag Mehl
3/4 l Milch
1/2 Zimtstange
3 Nelken
1 EL Zucker
3 Dotter
ca. 1/2 l Bier

- Mehl in Butter anschwitzen
- mit Milch aufgießen, Gewürze dazugeben und aufkochen
- Dotter mit Zucker und Bier verrühren
- zur Milch geben
- einmal aufkochen lassen und servieren

Innsbruck Land — Hauptgerichte

Ofennudeln (Buchteln, Wuchteln, Rohrnudeln)

50 dag Mehl
2 dag Germ
10 dag Butter
3 Dotter
5 dag Zucker
ca. 1/4 l lauwarme Milch
1 Prise Salz
Marmelade zum Füllen

Vollgetreide verwenden!

Vanillesauce, Karamelsauce, Eiermilch, Kompott

keinen Zucker dazugeben, keine Füllung - dann mit Sauerkraut servieren

- Mehl mit Salz und Zucker vermischen
- Dampfl bereiten bzw. Germ einbröseln
- Butter zerrinnen lassen und dazugeben
- Dotter mit Milch versprudeln, dazugeben
- zu einem mittelfesten Germteig abschlagen
- zugedeckt gehen lassen
- dann mit Löffel Teigstücke abstechen
- auseinanderziehen
- mit Marmelade füllen und zusammendrehen
- etwas Butter in einer Auflaufform zergehen lassen
- Buchteln einlegen
- noch einmal gehen lassen
- ca. 30-45 Minuten bei 180°C Heißluft backen
- angezuckert servieren

Innsbruck Land — Hauptgerichte

Mohnnudeln

40 dag Mehl
2 Eier
Salz
1/8 l Weißwein
10 dag Butter
etwas Milch
15 dag Butter zum Anbraten

Fülle:
30 dag geriebener Mohn
20 dag passierte Dörrbirnen
5 dag Marillenmarmelade
8 dag Zucker
3 EL Rum
Zitronenschale, ungespritzt

Guß:
2 EL Honig
1/4 l Süßrahm

Vollgetreide verwenden!

Milch!

- Mehl und Salz vermischen
- zerlassene Butter, Eier, Wein und Milch dazugeben
- zu einem Nudelteig gut verkneten
- auswalken
- mit Fülle bestreichen
- einrollen
- 6 cm lange Stücke abschneiden
- in einer Pfanne mit Butter auf allen Seiten goldgelb anrösten
- die Röllchen in eine Auflaufform schichten
- Honig vermischt mit Süßrahm darübergießen
- ca. 30 Minuten bei 180°C Heißluft backen

Fülle:
- Dörrbirnen weichkochen, faschieren
- mit den restlichen Zutaten zu einer geschmeidigen Masse rühren

Innsbruck Land — Hauptgerichte

Topfenzergel

60 dag Topfen
3 Eier
20 dag Mehl
Salz
1/16 l Süßrahm
20 dag geriebenen Käse zum Bestreuen
Schnittlauch
15 dag Butter zum Anbraten

Vollgetreide verwenden!

Salate!

Milch!

- alle Zutaten in einer Schüssel abrühren
- in einer Pfanne Butter und 1-2 EL Wasser erhitzen
- mit Löffel Nockerl abstechen
- einlegen, zugedeckt garen, bis die Unterseite braun ist
- umdrehen
- mit der Hälfte des geriebenen Käses bestreuen, dann umdrehen
- Rest des Käses daraufgeben
- noch einmal kurz umdrehen
- mit Schnittlauch bestreut servieren

Mohnnudeln

3/4 kg Erdäpfel
1/4 kg griffiges Mehl
Salz
2 Dotter
5 dag Butter
10 dag Mohn
10 dag Zucker
10 dag Butter

Vollgetreide verwenden!

Dieser Teig kann für Marillenknödel oder andere Obstknödel verwendet werden.

- Erdäpfel kochen, schälen, passieren
- mit den restlichen Zutaten rasch zu einem Teig zusammenkneten
- Rollen formen
- 5 cm lange Stücke abschneiden, zu Nudeln ausformen
- im Salzwasser kochen oder im Dampf garen
- mit Zucker und Mohn bestreuen
- mit zerlassener Butter übergießen

Innsbruck Land — Hauptgerichte

Roggane Apfelnudeln

30 dag Roggenmehl
1 Prise Salz
lauwarmes Wasser
ca. 1 kg Äpfel
10 dag Butter
Zucker oder Honig nach Geschmack
Zimt
1/2 l Wasser

anstatt mit Wasser mit Milch aufgießen, mit Mohn und Zucker bestreuen

- aus Roggenmehl, Salz und lauwarmem Wasser einen weichen Nudelteig bereiten
- dünn auswalken
- nudelig schneiden
- in einer Pfanne Butter erwärmen, Nudeln darin goldgelb rösten
- Äpfel schälen, hobeln
- die angebratenen Nudeln auf den Pfannenrand schieben, die Äpfel in die Mitte geben, dann die Nudeln über den Äpfeln verteilen
- mit 1/2 l Wasser aufgießen
- zugedeckt dünsten, bis die Äpfel weich sind
- etwas Honig mit wenig Wasser verdünnen und mit Zimt über die Nudeln gießen

Topfeler

60 dag Topfen
20 dag Mehl
Salz
Butterschmalz
ca. 1/4 l saurer Süßrahm

Kompotte

jede Art von Milch

- Topfen, Mehl und Salz verkneten
- daraus Kugeln formen
- im heißen Fett rundherum braun anbraten
- zum Schluß Rahm darüber geben
- eindämpfen lassen, bis die Flüssigkeit aufgesaugt ist

Innsbruck Land — Hauptgerichte

Grießauflauf/Reisauflauf

3/4 l Milch
15 dag Grieß oder Reis
1 Prise Salz
6 dag Butter
6 dag Zucker
3-4 Dotter
Zitronenschale ungespritzt
1 Stamperl Rum

Vollgrieß verwenden!

verschiedene Früchte untermischen

Kompott!

- Milch erhitzen
- Grieß bzw. Reis einkochen
- ausquellen lassen
- Butter, Zucker und Dotter abtreiben
- Geschmackszutaten dazugeben
- Eiklar mit einer Prise Salz zu festem Schnee schlagen
- abwechselnd überkühlte Grieß/Reismasse und Abtrieb in den Schnee unterheben
- bei 180°C ca. 30 Minuten backen

Topfennudeln

80 dag Topfen
40 dag Roggenmehl
Salz
1 Ei
einige EL Milch
35 dag Butter zum Anbraten

Spinat
Sauerkraut

Milch in jeder Form

- Möglichst trockenen Bauerntopfen verbröseln
- Mehl, Ei und Salz dazugeben
- mit wenig Milch zu einem mittelfesten Teig verrühren
- auf dem Nudelbrett kurz zusammenkneten
- dann Rolle formen
- nußgroße Stücke abschneiden, zu Kugerl formen
- Butter in einer Pfanne zergehen lassen
- Nudeln hineingeben, bei mittlerer Hitze zugedeckt garen lassen, zwischendurch schütteln oder umdrehen
- hellbraun backen

Innsbruck Land ~ Hauptgerichte

Apfelnocken

30 dag Mehl
3 Eier
Salz
ca. 1/2 l Milch
1/2 kg Äpfel
Butter zum Ausbacken
Zimt, Vanille, Zucker zum Bestreuen

- Mehl, Eier, Salz und Milch zu einem glatten Teig abrühren
- Äpfel feingehobelt oder geraspelt dazugeben
- Nocken abstechen
- im heißen Fett beidseitig abbraten
- mit Zucker und Zimt bestreuen

Vollgetreide verwenden!

Variationen mit verschiedenem Obst möglich:
kleingeschnittene Zwetschken dazugeben
3/4 Äpfel mit 1/4 Zwetschken mischen
Moosbeeren (Heidelbeeren)
Marillen
Birnen
Kirschen
Ribisl

gerapselte Äpfel im Teig geben saftige Nocken!

steifgeschlagenen Schnee zuletzt in den Teig einheben - gibt lockere Nocken!

etwas Zuckerwasser zuletzt über die Nocken gießen, kurz andünsten: Nocken werden saftig

Innsbruck Land — Hauptgerichte

Apfelstrudel

Teig:
1/4 kg Topfen
1/4 kg Mehl
1/4 kg Butter
1 Prise Salz

Fülle:
1 kg Äpfel
10 dag Nüsse
10 dag Zucker
Zimt, 1 Stamperl Rum
5 dag Butter
5 dag Semmelbrösel
Rosinen

Vollgetreide verwenden!

Strudelteig oder Mürbteig verwenden!

Vanillesauce

- Butter mit Mehl abbröseln
- mit Topfen und Salz rasch zu einem Teig zusammenkneten
- ca. 1/2 Stunde kühl rasten lassen
- Äpfel aufhobeln oder aufraffeln
- mit geriebenen Nüssen, Zucker, Zimt, Rum und Rosinen vermischen
- Semmelbrösel in Butter anrösten
- Teig messerrückendick auswalken
- Brösel darauf verteilen
- einrollen
- mit Ei bestreichen
- bei 180°C ca. 3/4 Stunden backen

Apfel-Topfenauflauf

1 kg Äpfel
1/2 kg Topfen
4 Eier
1/2 l Sauerrahm
1 Pkg. Vanille
5 EL Zucker
1 KL Zimt

- Auflaufform befetten
- gehobelte Äpfel einlegen, mit Zimt und Zucker bestreuen
- Topfen mit Rahm, Eier und Zucker vermischen
- auf die Äpfel streichen
- bei 180°C ca. 30-40 Minuten backen

Innsbruck Land — Hauptgerichte

Strauben

3/8 l Milch	✧ Butter zerlassen
1 EL Butter	✧ Milch dazugeben, leicht erwärmen
30 dag Mehl	
1 Prise Salz	✧ Dotter und Salz einsprudeln
3 Eier	✧ Eiklar zu steifem Schnee schlagen
1 Stamperl Rum	
Backfett	✧ abwechselnd Mehl und Milchdottergemisch unterheben

Milch

✧ mit Trichter kreisförmig in das heiße Fett einlaufen lassen
✧ vorsichtig herausheben
✧ mit Zucker und Zimt bestreuen

Kompotte
Apfelmus
Hollermandl

Gebackene Mäuse

50 dag Mehl	✧ Mehl mit Grieß, Zucker und Salz vermischen
2 dag Germ	
2 EL Grieß	✧ Dampfl bereiten oder Germ einbröseln
2 Dotter	
2 EL Zucker	✧ mit Dotter, lauwarmer Milch und Rum zu einem etwas weichen Teig abschlagen
1 Prise Salz	
1 Stamperl Rum	
ca. 1/4 l Milch	✧ Rosinen, vorher in Rum eingeweicht, unterheben
1 Handvoll Rosinen	

Milch

Kompotte

✧ zugedeckt gut gehen lassen
✧ mit einem nassen Löffel Kugerl abstechen
✧ im heißen Fett backen

Innsbruck Land 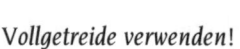 Hauptgerichte

Polsterzipfel

40 dag Mehl	⋄ Mehl mit zerlassener Butter und den übrigen Zutaten zu einem feinen Teig abkneten
20 dag Butter	
4 Eier	
1 EL Rahm	⋄ zugedeckt rasten lassen
etwas Wein	⋄ dünn auswalken
1 Prise Salz	⋄ kleine Häufchen Marillenmarmelade auf die Hälfte des Teigblattes aufsetzen
Marillenmarmelade	
Backfett	
	⋄ mit der anderen Hälfte abdecken
Vollgetreide verwenden!	⋄ viereckige Polster ausradeln
	⋄ im heißen Fett beidseitig ausbacken
Milch	⋄ mit Zucker bestreut servieren
Kompotte	

Milchreis

1 l Milch	⋄ Milch mit Salz aufkochen
1/8 kg Reis	⋄ Reis einkochen
Zucker	⋄ leicht köcheln lassen, bis er gar ist
Zimt	
1 Prise Salz	⋄ mit Zucker und Zimt bestreuen
1 EL Butter	
	⋄ eventuell 1 EL Butter darübergeben
Vollreis verwenden!	
Grießmuas: anstatt Reis 1/8 kg Grieß einkochen	
Haferbrei: anstatt Reis 1/8 kg Haferflocken einkochen	

Innsbruck Land — Hauptgerichte

Apfelauflauf

20 dag Butter
3 Eier
15 dag Staubzucker
Vanille, Rum
30 dag Mehl
1/2 Pkg. Backpulver
1 kg Äpfel
Rosinen
Zimt, Nelkenpulver
10 dag Zucker

Vollgetreide verwenden!

- Butter mit Staubzucker und Dotter schaumig rühren
- Geschmackszutaten dazugeben
- Eiklar zu festem Schnee ausschlagen
- abwechselnd Mehl versiebt mit Backpulver und Abtrieb unterheben
- Äpfel raspeln
- mit Zucker und Geschmackszutaten vermischen
- Form befetten
- abwechselnd eine Schicht Teig und Äpfel einschichten, mit Teigmasse abdecken
- ca. 45 Minuten bei 180°C Heißluft backen
- heiß servieren

 Der Apfelauflauf kann kalt als Kuchen gegessen werden!

Innsbruck Land — Hauptgerichte

Süßer Plenten

1 l Wasser
Salz
35 dag Polenta
Butter zum Abschmalzen
Marmelade
Zucker und Zimt

Am besten schmeckt
Schwarzbeermarmelade
(Moosbeeren) dazu!

Milch

- Wasser und Salz aufkochen
- Polenta einkochen
- ausquellen lassen
- die Hälfte in eine Form einfüllen
- Marmelade darübergeben
- mit Polenta abdecken
- mit Butter abschmalzen
- mit Zucker und Zimt bestreuen

Krapfen

20 dag Weizenmehl
20 dag Roggenmehl
1 Dotter
1/8 l Rahm
ca. 1/8 l Milch
Salz
Backfett

Süße Fülle:
1/4 kg Topfen, Moosbeeren,
Zimt, Zucker, Rum

Käsefülle:
3-4 heiße, mittlere Erdäpfel
20 dag Käse, Salz
Schnittlauch
1 EL Öl
etwas heißes Wasser

- Mehl mit Salz vermischen
- alle Zutaten zu einem Nudelteig verkneten
- gut durchkneten, bis er schön glatt ist
- zu einer Rolle formen
- Stücke abschneiden
- rund auswalken
- füllen
- Teigränder gut zusammendrücken
- im heißen Fett ausbacken

Innsbruck Land Hauptgerichte

Hefekiachl (Naviser Kiachl)

25 dag Topfen (direkt vom Bauern)
35 dag Weizenmehl
1 Pkg. Germ
1 Prise Salz
ca. 1/4 l lauwarme Milch oder Buttermilch
Schweineschmalz zum Ausbacken

Milch

Sauerkraut
Spinat
geriebener Mohn

- Topfen zerbröseln
- Mehl und Salz dazugeben
- Dampfl bereiten oder Germ einbröseln
- mit lauwarmer Milch zu einem mittelfesten Germteig abschlagen
- ca. 1 Stunde zugedeckt gehen lassen
- auf einem bemehlten Brett Stücke abstechen, zu Kugeln formen
- flachdrücken auf ca. 2 cm, in die Mitte ein Loch eindrücken
- ca. 1/2 Stunde zugedeckt gehen lassen
- im heißen Schweinefett ausbacken (vorher ein wenig auseinanderziehen)

 kalt schmecken sie zum Kaffee sehr gut!

Erdäpfelpuffer

3/4 kg Erdäpfel
Salz
2 Eier
etwas Milch

Spinat
Sauerkraut

- Erdäpfel schälen, aufreiben
- mit Salz, Eier und Mehl vermischen
- wie Omelett backen
- auf den Teller geben, mit Spinat oder Sauerkraut füllen

Innsbruck Land — Hauptgerichte

Erdäpfelpaunzen

1/2 kg Erdäpfel
25 dag Mehl
1 Ei
Salz, Muskat
Butter zum Herausbacken

Apfelmus
Sauerkraut,
verschiedene Salate

jede Art von Milch

- Erdäpfel kochen, schälen, durchpressen
- mit Mehl, Ei, Salz und Muskat rasch zu einem Teig verarbeiten
- daumendicke Rollen formen, ca. 3 cm große Stücke abschneiden, in Mehl wenden
- die Paunzen von beiden Seiten in Butter goldbraun anbraten
- in eine Rein legen, ca. 10 Minuten zugedeckt nachdämpfen

Biastnudeln

40 dag Mehl
ca. 1/4 l Biastmilch (1-2 Tage nach dem Abkalben)
Salz

Nudeln kann man sehr gut auf Vorrat zubereiten - geschnittene Nudeln trocknen lassen, dann in einer Dose oder im Glas aufbewahren.

- alle Zutaten zu einem Nudelteig verarbeiten
- gut durchkneten
- auswalken
- antrocknen lassen
- dünne Nudeln schneiden
- in Salzwasser kochen
- abschrecken
- mit Butter abschmalzen

Innsbruck Land Hauptgerichte

Blutnudeln

40 dag Mehl
Salz
ca. 1/4 l Schweineblut

Blut ständig rühren, damit es nicht gerinnt!

- aus Mehl, Salz und gerührtem Blut einen Nudelteig bereiten
- gut durchkneten
- eine Rolle formen
- kleine Stücke abschneiden
- zu Teigblättern auswalken
- zusammenrollen (wie Fritatten)
- nudelig aufschneiden
- im Salzwasser kochen
- abschrecken
- in Butter rösten

Spinatknödel

40 dag Knödelbrot
ca. 1/4 l Milch
20 dag Blattspinat
1 kleine Zwiebel
3 Zehen Knoblauch
5 dag Butter
3 Eier
Muskat, Salz
eventuell etwas Milch
Butter zum Abschmalzen, Käse zum Bestreuen

- würfelig geschnittenes Knödelbrot mit heißer Milch angießen
- feingeschnittene Zwiebel in Butter andünsten, Blattspinat dazugeben
- mit den restlichen Zutaten zu einem Knödelteig abmischen
- Knödel formen
- im Salzwasser oder Dampf garen

Salate

Innsbruck Land   Hauptgerichte

Schweinsbraten

1 kg Schopf
Salz, Pfeffer
Kümmel, Senf
Knoblauch
Maggikraut
Wurzelwerk
ca. 1/4 l Bier
1/8 l Rahm
1 EL Maizena

Semmelknödel
Sauerkraut
Salat
Erdäpfel

- Fleisch mit einigen Knoblauchzehen spicken
- mit Gewürzen einreiben
- im Römertopf braten (je nach Fleischgröße 1,5-2 Stunden)
- Wurzelwerk dazugeben
- mit Bier aufgießen
- vor dem Servieren Sauce mit Wurzelwerk mixen
- Rahm mit Maizena vermischen
- in die Sauce geben, einmal aufkochen lassen

 eventuell Erdäpfel mitbraten

Krautnocken

1 kg Sauerkraut
6 große Erdäpfel
4 Eier
Salz
etwas Milch
ca. 20 dag Mehl

kleingeschnittene
Speckwürfel untermischen!

Vollmehl verwenden!

- Erdäpfel schälen, roh aufreiben
- mit Sauerkraut und den übrigen Zutaten zu einem eher weichen Teig verrühren
- mit einem nassen Löffel Nockerl abstechen
- in wenig Butter oder Butterschmalz herausbacken

 Nocken nicht zu dick machen!

*Schweinsbraten – ein Festtagsessen mit Knödel,
Erdäpfel, Krautsalat oder Sauerkraut
Rezept auf Seite 104*

Erdäpfelpaunzen
Rezept auf Seite 102

Innsbruck Land — Hauptgerichte

Preßknödel (Preßnocken)

30 dag Semmelbrot
20 dag gekochte Erdäpfel
20 dag Graukäse oder Tilsiter (je nach Geschmack)
3 Eier
Petersilie, Salz, Kümmel
ca. 1/4 l Milch
eventuell etwas Milch
Wasser für die Suppe
Lorbeerblatt

Salate

- würfelig geschnittenes Semmelbrot mit heißer Milch angießen
- gekochte, geriebene Erdäpfel daruntermischen
- Käse aufreiben oder kleinschneiden und dazugeben
- mit den restlichen Zutaten zu einem Teig verkneten
- Knödel formen
- in wenig Fett auspressen (Knödel flachdrücken)
- mit Wasser aufgießen, Lorbeerblatt dazugeben
- kurz verkochen

Gemüse - gesund und gschmackig zur rechten Zeit ...

Gemüse ist neben Obst der bedeutendste Vitamin- und Mineralstofflieferant. Durch den hohen Ballaststoffgehalt, welcher die Verdauungstätigkeit anregt, soll das Gemüse eines der wichtigsten Bestandteile einer gesunden Ernährung sein.

Die Ernährungsgewohnheiten haben sich geändert - so ist vor allem in der heutigen Zeit ein Trend zur Gemüsekost zu erkennen. Früher wurde darauf weniger Augenmerk gelegt, es sei denn auf die Bereitung von Sauerkraut und Rübenkraut, welches als Beilage zu vielerlei Gerichten gegeben wurde. Wenn heutzutage viele überlieferte Speisen aus ernährungsphysiologischen Gründen bemängelt werden (z.B. Schmalzgebackenes), so heißt es nicht, daß diese Speisen von unserem Speisezettel gestrichen werden sollen. Vielmehr liegt es an Ihnen, sie durch gesunde Vitamine in Form von Gemüse, Salaten und Rohkost aufzuwerten. Dafür gibt es Möglichkeiten rund um das Jahr.

- Grundsätzlich sollte das Gemüse entsprechend der Jahreszeit verwendet werden - der eigene Garten ist dafür die beste Möglichkeit.
- Zum Konservieren soll nur frisches, einwandfreies Gemüse verwendet werden - die derzeit schonendste Methode ist dafür das Tiefgefrieren.
- Zur Abwechslung bietet sich auch die Möglichkeit zum Sterilisieren, Einsalben, Einlegen in Essig oder Öl, zum Trocknen und zum Einsäuern an.

Auch dafür finden Sie einige Rezepte in diesem Buch!

Innsbruck Land — Beilagen

Eiersalat

1 Kopf Salat
3-4 Eier
Salz
Öl, Essig
verschiedene Kräuter

- hartgekochte Eier in Spalten schneiden
- Salat waschen, marinieren
- Eier und Kräuter untermischen

anstelle Öl feinwürfelig geschnittenen, angerösteten Speck dazugeben

 *selbstangesetzter Kräuteressig gibt dem Salat einen besonderen Geschmack!*

Sauerkraut

pro kg Kraut
7,5 g Salz
20 g Zucker
Lorbeer, Wacholder, Kümmel

Ein Schuß Molke oder Sauermilch beschleunigt den Gärungsvorgang.

Gärgemüse ist sehr gesund, probieren Sie auch andere Gemüsearten milchsauer zu vergären:
Rübenkraut
Rohnenkraut
Karottenkraut

- Kraut aufhobeln
- Salz, Zucker und Gewürze vermischen
- Gärtopf oder Krautfaß mit Krautblättern auslegen
- eine Lage Kraut einfüllen
- Gewürzmischung darübergeben
- gut einstampfen
- lagenweise weiter einfüllen
- beschweren
- beim Gärtopf Deckel aufsetzen und in die Rille Wasser einfüllen
- ca. 1 Woche in einem wärmeren Raum stehen lassen
- dann kühlstellen

Innsbruck Land — Nachspeisen, Gebäck

Apfelkuchen

30-40 dag Mehl
20 dag Butter
2-3 Eier
1 Prise Salz
1 Pkg. Backpulver
1 Pkg. Vanillezucker
Zitronenschale (ungespritzt)
eventuell etwas Milch

Belag:
1 kg Äpfel
15 dag Zucker
5 dag Butter
5 dag Brösel
Zimt, Nelkenpulver
1 Stamperl Rum

Vollgetreide verwenden!

- alle trockenen Zutaten vermischen
- Butter abbröseln
- mit Eiern und eventuell etwas Milch rasch zu einem Mürbteig verarbeiten
- ca. 1/2 Stunde kühl rasten lassen

Fülle:
- Äpfel blättrig schneiden
- Butter mit Brösel und Zucker anrösten
- mit Äpfeln und Geschmackszutaten vermischen
- Teig halbieren
- auf Blechgröße auswalken
- auf das befettete Backblech legen
- Fülle darübergeben
- mit Teigblatt abdecken
- mit zerklopftem Ei bestreichen
- ca. 45 Minuten bei 180°C Heißluft backen

Innsbruck Land Nachspeisen, Gebäck

Obstkuchen

33 dag Mehl
30 dag Zucker
5 Eier
1/2 Pkg. Backpulver
1 Pkg. Vanille
1/8 l Öl bzw. zerlassene Butter

Topfenmasse:
50 dag Topfen
15 dag Staubzucker
5 Blatt Gelatine
Zitronensaft
1 Pkg. Vanillezucker
1/4 l Rahm

Dinkel- oder Weizenvollmehl verwenden, 1 Ei zusätzlich! Zucker durch Rohrzucker ersetzen!

- Ei mit Zucker und Vanille schaumigrühren
- abwechselnd Öl (zerlassene Butter) und Mehl (vermischt mit Backpulver) untermischen
- auf ein befettetes, bemehltes Blech aufstreichen
- ca. 30 Minuten bei 180°C Heißluft backen
- Gelatine in kaltem Wasser einweichen, ausdrücken und in heißer Flüssigkeit auflösen
- Topfen mit Staubzucker, Zitronensaft und Vanille kurz verrühren
- Rahm steif schlagen und mit der Topfenmasse und Gelatine vermischen
- Topfenmasse aufstreichen
- mit Früchten belegen
- mit Tortengelee übergießen

 Früchte vor dem Backen auflegen und mitbacken

 Besonders saftig wird der Kuchen, wenn vor den Früchten eine Topfenmasse aufgestrichen wird.

Innsbruck Land 🌿 Nachspeisen, Gebäck

Mohnkuchen

20 dag Butter
20 dag Zucker
1 Pkg. Vanille
Zitrone, 1 Prise Salz
2 EL Rum
6 Eier
25 dag geriebener Mohn
10 dag geriebene Mandeln oder Nüsse
5 dag Mehl
2 KL Backpulver
1 geriebener Apfel

- Butter, Dotter, Zucker schaumig rühren
- Geschmackszutaten dazugeben
- den Mohn, die Mandeln oder Nüsse und das mit dem Backpulver vermengte Mehl unter die Masse heben
- Eiklar zu Schnee schlagen und ebenfalls daruntergeben
- einen geriebenen Apfel dazugeben
- bei 180°C 50-60 Minuten lang backen

Zucchinischnitten

2 Eier
1/2 l Zucker
1 Pkg. Vanillezucker
1/4 l Öl
1/2 l Zucchini
3/4 l Mehl
1 Pkg. Backpulver
Salz, 1 Messerspitze Natron, Zimt

- Eier mit Zucker, Vanillezucker und Öl schaumig rühren
- geschälte, grob geraffelte Zucchini unterrühren
- Mehl mit Backpulver, etwas Salz, Natron und Zimt (nach Geschmack) vermischen
- unter die Masse heben
- ca. 40 Minuten bei 200°C backen
- mit Marmelade bestreichen und mit Schokoladeglasur überziehen

Apfelbrot

50 dag Feigen
40 dag Rosinen
40 dag Nüsse
1,5 kg Äpfel
2 EL Kakao
2 EL Zimt
1 EL Neugewürz
1/2 kg Zucker
etwas Salz
1/8 l Rum
1 kg Mehl
2 Backpulver

Dinkel oder Weizen (fein vermahlen) anstatt normalen Weizenmehls

- Feigen stifteln, Äpfel grob raspeln, Nüsse halbieren
- alle Zutaten gut mischen und einige Stunden ziehen lassen
- dann Mehl und Backpulver dazugeben
- durchmischen und in eine Form streichen
- Backzeit: 180°C, 1,5 Stunden

Schneebiskuit

7 Eiklar
20 dag Zucker
Vanille
13 dag Mehl
10 dag Butter

Vollmehl verwenden!

- Eiklar mit einer Prise Salz zu festem Schnee schlagen
- langsam Zucker, Vanille, Mehl und zerlassene Butter einmengen
- in eine befettete Tortenform einfüllen
- bei mäßiger Hitze langsam backen

Innsbruck Land 🌶 Nachspeisen, Gebäck

Nervenkeksln

1/2 kg Dinkelmehl
1/4 kg Butter
15 dag Staubzucker
3 Dotter
Lebkuchengewürz
1/2 KL geriebene Muskatnüsse

- Dinkelmehl mit Staubzucker und Gewürzen vermischen
- Butter abbröseln
- mit Dotter rasch zu einem Mürbteig verarbeiten
- ca. 1/2 Stunde kühl rasten lassen
- Teig auswalken und Formen ausstechen
- bei 180-190°C Heißluft backen

Dinkelsemmel

1 kg Dinkelmehl
1 EL Salz
1 EL Öl
2 dag Germ
ca. 3/4 l Joghurt

- Dinkel mit Salz vermischen
- Germ einbröseln
- mit Joghurt zu einem eher weichen Germteig abkneten
- gehen lassen
- Semmerl ausformen
- noch einmal gehen lassen
- mit Ei bestreichen
- bei 180°C Heißluft ca. 30 Minuten backen

Hirschhornkeks

1/2 kg Mehl
18 dag Zucker
8 dag Butter
1/8 l Milch
2 Eier
Saft einer Zitrone
2 TL Hirschhornsalz
eventuell Anis

- alle Zutaten zu einem Mürbteig zusammenkneten
- Teig über Nacht rasten lassen
- 3-4 mm dick auswalken
- ausstechen
- bei 200°C ca. 10 Minuten backen

Innsbruck Land — Nachspeisen, Gebäck

Salzstangerl

50 dag Dinkel
50 dag glattes Mehl
1 Würfel Germ
ca. 1/2 l lauwarme Milch
2 Eier
Salz
grobes Salz und Kümmel zum Bestreuen
1 Ei zum Bestreichen

- Dinkel fein mahlen, mit Mehl und Salz vermischen
- Dampfl zubereiten oder Germ in das Mehl einbröseln
- mit lauwarmer Milch und Eiern zu einem mittelfesten Germteig vermischen
- gut durchkneten, anschließend ca. 30 Minuten gehen lassen
- Teig noch einmal auf einer Arbeitsfläche durchkneten, ca. 10 dag große Stücke abschneiden, jedes Stück einzeln zu einer Kugel formen; ca. 10 Minuten rasten lassen
- jede Kugel ovalförmig ausrollen, eng einrollen
- auf ein befettetes Blech legen
- mit zerklopftem Ei bestreichen, mit Kümmel und grobem Salz bestreuen
- bei 180°C Heißluft ca. 15-20 Minuten backen

Unser tägliches Brot ...

Brot ist eines unserer wertvollsten Lebensmittel. Denken Sie daran, wie oft Sie zu einem Stück Brot greifen!

Brot soll mehr sein als Nahrung. Es soll ein Symbol sein für das Leben - für unser Leben. Es soll uns erinnern an die Entstehung, an Saat und Ernte, an die Weiterverarbeitung von Menschen für Menschen - und wir sollen dankbar dafür werden!

Früher wurde das Getreide auf den Bauernhöfen selber angebaut, und jede Bäuerin hat wohl ihr eigenes Brotrezept entwickelt.

Auch in der heutigen Zeit besinnt man sich wieder auf diese Werte - Vollgetreide wird wiederum den Auszugsmehlen vorgezogen, und es gibt gute Bezugsquellen für gesundes Getreide. Dabei gibt es einige Tips, wie man saftige Brote selber herstellen kann:

- Getreide fein mahlen
- einige Stunden, am besten über Nacht quellen lassen (mit Wasser anweichen)
- eher weichere Teige zubereiten
- Molke, Buttermilch oder Sauermilch anstatt Wasser verwenden, ergibt andere Geschmacksrichtungen und lockert den Teig
- verschiedene Getreidesorten verwenden, z.B. Dinkel, Triticale, Roggen, Weizen, auch kleinere Anteile von Mais, Gerste und Hafer
- an Brotgewürzen nicht sparen (Kümmel, Anis, Fenchel, Koriander)
- Samenfrüchte daruntermischen - das Brot bleibt dadurch länger saftig (Leinsamen, Sonnenblumenkerne, Sesam, Kürbiskerne)
- bei Roggenbroten und Roggenmischbroten Sauerteig verwenden - dieser kann einfach "weitergezüchtet" werden, indem man vor jedem Backen eine Handvoll Teig zurückbehält, in ein Sackerl gibt und im Brotmehl oder im Kühlschrank aufbewahrt. Vor Verwendung mit lauwarmem Wasser, etwas Mehl und Zucker zu einem dickflüssigen Teig anrühren und über Nacht stehen lassen.

- Eine eigene Brotwanne erleichtert die Arbeit - sie soll nicht ausgewaschen werden, weil auch so der Sauerteig auf das nächste Brot übertragen werden kann.
- vor dem Backen Brotlaibe antupfen - mit Ei, Wasser, Kaffee oder Biestmilch bestreichen
- zum Backen etwas Wasser ins Rohr stellen
- bei Heißluft (ca. 180-190°C) backen, bei Ober- und Unterhitze 200-220°C
- Klopfprobe vor dem Herausnehmen machen – Brot muß hohl klingen

Zur Abwechslung schmeckt neben Vollkornbroten auch ein einfaches Bauernbrot aus Roggen- ud Weizenbrotmehlen sehr gut.

Der Phantasie beim Ausprobieren hauseigener Rezepte sind dabei keine Grenzen gesetzt!

Innsbruck Land Verschiedenes

Kefir

Voll- oder Magermilch
Kefirbakterien

- ⋄ Milch auf 85-90°C erhitzen
- ⋄ ca. 10-15 Minuten Temperatur halten
- ⋄ abkühlen auf 20-25°C
- ⋄ impfen mit Kefirbakterien aus einem gekauften Becher (auf 5 l Milch ca. 1 Becher Kefir)
- ⋄ bei Zimmertemperatur ca. 24 Stunden zugedeckt stehen lassen
- ⋄ kühlen, dann verrühren
- ⋄ gekühlt trinken

 Kefir ist ein sehr gesundes, stärkendes und belebendes Getränk.

Grammelschmalz

Schweinefett
Zwiebel
Knoblauch
Salz

Dieses Grammelschmalz ist ein würziger Brotaufstrich

- ⋄ Schweinefett würfelig schneiden
- ⋄ auslassen
- ⋄ abseihen und auspressen
- ⋄ einige Grammeln mit Fett, feingehackter Zwiebel, viel Knoblauch, Schnittlauch und Salz vermischen

Innsbruck Land — Verschiedenes

Eingelegte Zucchini

3/4 kg Zucchini
1/2 l Weinessig
1/4 l Wasser
3 dag Salz
Lorbeerblatt
Nelken
Knoblauch
Pfefferkörner
Olivenöl

Gurken verwenden

- Zucchini würfeln
- 8 Stunden zwischen gut saugenden Tüchern (oder Küchenkrepp) liegen lassen
- Essig mit Wasser und Salz aufkochen
- Zucchini einlegen
- ca. 5 Minuten kochen - sollen bißfest sein
- abseihen
- in Gläser schichten
- pro Glas 1 Lorbeerblatt und 3 Nelken einlegen
- pro Lage 3 halbe Knoblauchzehen und 5 Pfefferkörner geben
- mit Marinade aufgießen
- mit Olivenöl abdecken und verschließen

Eingelegter Knoblauch

1 kg Knoblauch
1 l heißes Wasser zum Überbrühen

Marinade:
1/2 l Wasser
1/2 l Wein- oder Apfelessig
1 EL Pfefferkörner
1 EL Senfkörner
1 EL Zucker
4 dag Salz

Schalotten verwenden

- Knoblauch mit heißem Wasser überbrühen
- abseihen
- Wasser mit Essig und Gewürzen aufkochen
- Knoblauch 5-10 Minuten darin kochen
- in Gläser füllen
- mit einem Schuß Öl abdecken und verschließen

 in jedes Glas ein Rosmarinzweigerl legen!

Innsbruck Land ❧ Verschiedenes

Bierlikör

1/2 l dunkles Bier	✧ Bier mit Zucker aufkochen
1/2 kg Zucker	✧ auskühlen lassen
1/8 l Rum	✧ Rum, Schnaps und Vanille
2 Pkg. Vanille	dazurühren
1/8 l Schnaps	✧ abfüllen

Vanillezucker

1 Vanillestange	✧ Vanillestange aufschneiden
Staubzucker	✧ mit Staubzucker vermischen
	✧ in ein Glas geben, gut verschließen

Dieser Vanillezucker ist natürlich und echt!

Ringelblumenschnaps

guter Bauernobstler
oder echter Kornschnaps
Ringelblumenblüten

- Blüten in Schnaps ansetzen
- mindestens 3 Wochen ausziehen lassen
- abseihen und abfüllen

zum Desinfizieren von Wunden
Vorbeugung gegen Krampfadern

Beinwellsalbe

10 dag Beinwellwurzeln
1/2 kg Schweinefett

- Beinwellwurzeln gut waschen
- klein schneiden
- im Schweinefett bei niedriger Temperatur einige Stunden ausziehen lassen
- abseihen und abfüllen

hilft beim Ausheilen von Knochenbrüchen

Innsbruck Land – Verschiedenes

Löwenzahnhonig

1/2 kg Blüten	❖ Blüten mit Wasser und abgeriebener Zitronenschale ca. 1 Stunde kochen
2 Zitronen	
2 l Wasser	
2 kg Zucker	❖ abseihen
	❖ mit Zucker und Zitronensaft dickkochen
Rohrzucker verwenden!	❖ in Gläser füllen und verschließen

hilft bei Husten und anderen Erkältungen

Brezensuppe, Brezen
Rezepte auf den Seiten 129, 163

Schottnocken mit süßen oder scharfen Zugaben
Rezept auf Seite 145

Unterland

Die klimatischen Gegebenheiten machen diese Region, abgesehen von einigen Gebirgshöfen, zu einem fruchtbaren Landesteil, in dem alles gedeiht: Obst, Gemüse, Getreide, Mais, Erdäpfel - Ackerbau und Milchwirtschaft war und ist möglich, sogar Flachs wurde angebaut.

So war die Selbstversorgung in diesem Gebiet vielseitiger und abwechslungsreicher. Trotzdem hieß es sparen, denn Großfamilien und viele Knechte und Mägde mußten versorgt werden. Hier half man sich mit gebundenen Suppen vor den Hauptgerichten, die wohlschmeckend und sättigend zugleich waren. Nicht umsonst galt der Spruch, daß die Knechte nicht wegen einer zu dicken Suppe vom Hof gingen, sondern eher wegen einer zu dünnen.

Um den Hunger zu stillen, brauchte man einerseits eine Kost, die billig, andererseits jedoch ausgiebig war. Hier boten sich die verschiedenen Nocken, Krapfen, Nudeln und Kiachl an.

Der Speiseplan war sehr einfach organisiert, die Wochentage hatten ihre typischen Gerichte. Aus Erzählungen meiner Eltern weiß ich, daß für sie noch jeder Tag sehr zeitig mit einer Brennsuppe und einem "Türkenkoch" begann. Montag und Freitag waren "Kiachltage", Dienstag und Donnerstag Knödeltage. Samstags kamen Nudeln mit Fisolen-, Erbsen- oder Gerstensuppe, in anderen Gegenden Samstagnocken auf den Tisch: Gerichte die wenig Aufwand erforderten und Zeit für den gründlichen Wochenendputz ließen.

Zu besonderen Festtagen wurde der Germteig mit "besseren" Zutaten angemacht (mehr Fett und Eier), und außerdem kommen Rosinen in den Teig, z.B. Kirchtagnudeln zur Kirchweih oder Mahnnudeln zu Weihnachten oder anderen Feiertagen.

Auch die Speisebezeichnungen unterscheiden sich vom übrigen Tirol. Das Unterinntaler "Koch" wird im Oberland als "Muas" bezeichnet, das Unterländer "Muas" ("Miasl") heißt im Oberland "Schmarren". Die Grenznähe zu Bayern macht sich auch in der Küche bemerkbar - Germteigspeisen in den verschiedensten Varianten, im Rohr, in der Pfanne oder im Fett gebacken, weisen auf den gemeinsamen Ursprung hin.

Anfallendes Obst und Gemüse mußte haltbar gemacht werden - "Schnitzen" (getrocknete Äpfel) und "Kluaban" (Dörrbirnen) wurden in großen Mengen hergestellt und im Winter für Krapfenfüllungen, Zelten und Kompotte verwendet.

Gemüse wurde eingeschnitten und wurde vor allem in Sauerkraut und Rübenkraut eingearbeitet.

Unterland Suppen

Fastensuppe

15 dag Mehl
1 Prise Salz
einige Tropfen Wasser
15 dag Käse
5 dag Butter
Schnittlauch
1 l Wasser

- Mehl mit Salz und einigen Tropfen kaltem Wasser verbröseln (Faferl bereiten)
- 1 l Wasser aufkochen, salzen
- Faferl einkochen
- Käse würfelig schneiden, mit aufkochen
- mit heißer Butter übergießen
- mit Schnittlauch bestreuen

Vollgetreide verwenden!

Wasserschiedl: ohne Käse zubereitet

mit Zwiebelbutter übergießen

Brennsuppe

10 dag Butter
12 dag Mehl
3/4 l Wasser
3/4 l Milch
1 Ei, Salz
Schwarzbrotwürfel

Vollmehl verwenden

- aus Butter und Mehl eine Einbrenn bereiten
- mit Wasser und Milch aufgießen
- würzen
- zum Schluß versprudeltes Ei einrühren
- mit Schwarzbrotwürfel servieren

Unterland Suppen

Bohnensuppe

20 dag Bohnen
1 l Wasser
Salz
2 dag Butter
1/2 Zwiebel
2 dag Mehl

gekocht Bohnen mit Äpfelschnitzen vermischen, mit Zucker und Zimt bestreuen, mit Butter abschmalzen

paßt gut zu Schmalzgebackenem!

- Bohnen über Nacht einweichen
- mit diesem Wasser kochen, bis sie durch sind
- Zwiebel in Butter einlaufen lassen
- Mehl anbräunen
- mit etwas Wasser aufgießen, gut versprudeln
- in die Suppe einkochen
- abschmecken
- mit Schnittlauch bestreut servieren

Magschoan (Zillertaler Milchsuppe)

Weißbrot
Zucker
Zimt
Milch
Kakao

als einfaches Abendessen geeignet

- Weißbrot (eventuell auch Zopfenbrot) in Scheiben schneiden
- lagenweise mit Zimt, Zucker, eventuell Kakao oder Schokoladestückerl in eine Schüssel schichten
- mit Milch übergießen
- durchziehen lassen, kalt servieren

Unterland Suppen

Brezensuppe

6 Brezen
5 dag Butter
ca. 1/4 l Wasser
20 dag Käse
Schnittlauch

- ⬥ Brezen würfelig aufschneiden
- ⬥ mit heißem Wasser aufgießen
- ⬥ kurz ziehen lassen
- ⬥ Butter in einem Reindl zergehen lassen
- ⬥ abwechselnd eingeweichte Brezen und geriebenen Käse einschichten
- ⬥ erwärmen
- ⬥ mit Schnittlauch bestreuen und eventuell mit brauner Butter abschmelzen

 *ideale Verwendung von altbackenen Brezen!*

Unterland — Hauptgerichte

Thierseer Kiachl

1/2 kg Mehl 1/8 kg Topfen 1 Prise Salz 2 dag Germ lauwarmes Wasser Backfett	✧ Mehl mit Salz vermischen ✧ Germ einbröseln oder Dampfl bereiten ✧ Topfen dazugeben ✧ mit lauwarmem Wasser zu einem festen Germteig abschlagen ✧ gehen lassen ✧ löffelgroße Stücke abstechen ✧ zu Kugeln formen, dann eiförmig leicht auswalken ✧ zugedeckt noch einmal gehen lassen ✧ im heißen Fett schwimmend ausbacken

Vollmehl verwenden!

Kompotte

jede Art von Milch

Topfenkrapferl

30 dag Topfen 30 dag Mehl 4-5 Eier 1 Pkg. Backpulver etwas Milch Salz Backfett	✧ alle Zutaten zu einem dickflüssigen Teig abrühren ✧ mit Löffel Nockerl abstechen ✧ im Fett schwimmend ausbacken ✧ eventuell mit Zimt und Zucker bestreuen

Vollmehl verwenden!

Kompotte

Milch

Unterland — Hauptgerichte

Schottzöpferl

50 dag glattes Mehl
1/2 Würfel Germ
3 Dotter
25 dag Topfen
Rum
Salz
1 EL Zucker
ca. 1/8-1/4 l lauwarme Milch

Vollmehl verwenden
bzw. mischen!

Kompotte
Moosbeermandl

- Mehl mit Salz und Zucker vermischen
- Germ einbröseln oder Dampfl bereiten
- mit den restlichen Zutaten zu einem mittelfesten Germteig abschlagen
- zugedeckt gehen lassen
- ausformen (mit einem Eßlöffel Teigstückerl abstechen, auf dem Brett zu Rollen ausformen, Zöpferl flechten)
- zugedeckt gehen lassen
- im heißen Fett ausbacken (mit der oberen Seite nach unten ins Fett einlegen, dann umdrehen)

Unterland — Hauptgerichte

Kiachl

50 dag Mehl
1 Prise Salz
1/2 Würfel Germ
2 Eier
2 dag Butter
ca. 1/4 l lauwarme Milch
1 Stamperl Rum
1 KL Anis
Butterschmalz zum Ausbacken

Vollgetreide verwenden!

Bohnensuppe
Kompotte
Preiselbeermarmelade
Sauerkraut

Honigleck: Honig mit etwas Wasser und Butter erwärmen, Kiachl darin tauchen

jede Form von Milch

- Mehl mit Salz vermischen
- lauwarme Milch, Eier, zerlassene Butter, Rum und Anis dazugeben
- zu einem mittelfesten Teig abschlagen
- gehen lassen
- mit einem Löffel Teigstücke abstechen, auf dem Brett zu Kugeln ausformen
- zugedeckt gehen lassen
- jeden Kiachl so auseinanderziehen, daß der Teig in der Mitte sehr dünn ist, am Rand soll er dick bleiben.
- mit der oberen Seite nach unten in das heiße Fett einlegen, mit Fett bespritzen
- umdrehen und fertigbacken

 1 KL Butter zergehen lassen, zuletzt in den Teig einschlagen: Teig wird feiner!

Unterland — Hauptgerichte

Mahnnudeln (Schmalznudeln)

1/2 kg Mehl	✧ Mehl mit Salz vermischen
2 dag Germ	✧ Dampfl bereiten oder Germ einbröseln
ca. 1/4 l lauwarme Milch	
2 Eier	✧ mit zerlassener Butter und den übrigen Zutaten zu einem mittelfesten Germteig abschlagen
2 Dotter	
1 Stamperl Schnaps oder Rum	
5 dag Butter	
1 Prise Salz	✧ zugedeckt rasten lassen
Butterschmalz zum Ausbacken	✧ auf dem Nudelbrett zu einem langen Wecken ausformen

Vollgetreide verwenden bzw. mischen!

✧ gleiche Teile abschneiden, zugedeckt aufgehen lassen
✧ im heißen Butterschmalz zugedeckt langsam backen (obere Seite nach unten ins Fett einlegen)

Bohnensuppe
Kompotte

✧ umdrehen und fertig backen

jede Art von Milch

Bladlkiachl (Erdäpfelblattln)

1/2 kg Erdäpfel	✧ Erdäpfel kochen
ca. 10-15 dag Mehl	✧ heiß passieren
1 EL Butter	✧ Butter dazugeben (durch die Wärme zerfließt sie)
1 Ei	
Salz, Kümmel, Muskat	✧ mit Ei und Gewürzen rasch zu einem Teig zusammenkneten (soll nicht kleben)
Backschmalz	

Sauerkraut
Blaukraut
Schlaggenkraut
Apfelmus

✧ messerrückendick auswalken
✧ Rechtecke ausradeln
✧ im schwimmenden Backfett ausbacken
✧ sofort servieren!

Unterland — Hauptgerichte

Krapf-Kiachl

40 dag glattes Mehl
40 dag kalte, fein geriebene Erdäpfel
Salz
1-2 Eier
ca. 1/4 l lauwarmes Wasser (oder Milch)
1 1/2 dag Germ

Kompotte

erkaltet durchschneiden,
mit Käse füllen,
kurz abbraten

Milch

- Mehl mit Erdäpfel und Salz vermischen
- Germ einbröseln oder Dampfl bereiten
- mit Eiern und Wasser (Milch) zu einem festen Germteig abschlagen
- gehen lassen
- löffelgroße Stücke abstechen
- zu Kugeln formen
- oval leicht auswalken
- zugedeckt noch einmal gehen lassen
- im heißen Fett schwimmend ausbacken

Haggerl (Hufeisen)

40 dag Mehl
1/8 kg Topfen
1 Ei
ca. 1/4 lauwarme Milch
Salz
2 dag Germ
Backfett

mit Vollmehl mischen!

Sauerkraut
Apfelmus
Kompotte

Milch
kalt zum Kaffee

- Mehl salzen
- Dampfl bereiten oder Germ einbröseln
- mit den restlichen Zutaten zu einem eher weichen Teig abschlagen
- gehen lassen
- löffelgroße Stücke abstechen
- ausformen, zu Haggerl drehen (Hufeisen)
- zugedeckt noch einmal gehen lassen
- einschneiden
- im nicht zu heißen Fett schwimmend ausbacken

Unterland — Hauptgerichte

Pfannernudeln

Teig:
1/2 kg Mehl
2 dag Germ
Salz
5 dag Butter
1 Dotter
ca. 1/4 l Milch

zum Einlegen:
1/4 kg Butter
1/4 l Wasser

Vollgetreide verwenden bzw. mischen!

Gerstensuppe
Bohnensuppe
Dörrpflaumenkompott

jede Art von Milch

- Mehl mit Salz vermischen
- Germ einbröseln oder Dampfl bereiten
- mit zerlassener Butter, Dotter und lauwarmer Milch zu einem mittelfesten Germteig abschlagen
- zugedeckt gehen lassen (mindestens 1/2 Stunde)
- Butter mit Wasser in einer großen Pfanne aufkochen
- auf die Seite stellen
- vom Germteig knödelgroße Stücke formen
- in die Pfanne einlegen
- mit Deckel gut verschließen
- ca. 15 Minuten am Herdrand stehen lassen
- dann die Pfanne auf die heiße Platte geben
- ca. 15 Minuten braten, ohne den Deckel zu öffnen
- Deckel weggeben
- die goldgelben Pfannernudeln wenden, ebenso anbraten
- dann sofort servieren

Unterland — Hauptgerichte

Schutznudeln

1/2 kg Mehl
1/4 kg Topfen
3 dag Germ
1 EL Zucker
2 Eier
1 Prise Salz
2 dag Butter
Saft und Schale einer Zitrone
etwas Milch
Butter zum Ausbacken

Vollgetreide verwenden!

Kompotte
Apfelmus

Milch in jeder Form

- Mehl mit Salz und Zucker vermischen
- Dampfl bereiten oder Germ einbröseln
- mit Topfen, zerlassener Butter, lauwarmer Milch und den restlichen Zutaten zu einem mittelfesten Germteig abschlagen
- gehen lassen
- etwas Butter in einer Pfanne zergehen lassen
- aus dem Teig Nudeln formen
- in die Pfanne legen (nicht zuviel auf einmal)
- in der Pfanne schutzen (wenden), damit sie auf allen Seiten schön braun werden (die Nudeln sollen aufreißen)
- langsam durchbacken lassen

Unterland — Hauptgerichte

Dampfnudeln

Teig:
50 dag Mehl
2 dag Germ
5 dag Butter
2 Eier
2 EL Zucker
1 EL Rum
1 Prise Salz
ca. 1/4 l lauwarme Milch

zum Einlegen:
1/4 l Milch
2 EL Rum
2 EL Butter
Vanille
1 Stamperl Rum

Vollgetreide verwenden!

Rosinen in den Teig geben

Kompotte
Vanillesauce

Eiermilch
Milch

- Mehl mit Zucker und Salz vermischen
- Dampfl bereiten oder Germ einbröseln
- mit lauwarmer Milch, zerlassener Butter, Eier und Rum zu einem mittelfesten Germteig abschlagen
- zugedeckt gehen lassen
- in einer Pfanne Milch, Zucker, Butter, Vanille und Rum erwärmen
- vom Germteig mit Löffel Stücke abstechen, in die warme Milch einlegen
- zudecken und langsam kochen
- Deckel nicht öffnen, sonst fallen die Dampfnudeln zusammen

 Man kann die Dampfnudeln auch in Karamelmilch garen:
- Zucker karamellisieren
- mit Milch aufgießen und aufkochen bis sich der Karamelzucker gelöst hat
- Butter, Rum und Vanillezucker dazugeben
- in diese Karamelmilch die Dampfnudeln einkochen

Unterland — Hauptgerichte

Kluabakrapfen

Teig:
50 dag Mehl
5 dag Butter
3 Dotter
1 EL Rum
1 Prise Salz
etwas Milch

Fülle:
25 dag Kluaban (Dörrbirnen)
10 dag Mohn
1 EL Rum
2 EL Zucker
5 EL Zwetschkenmarmelade
Vanillezucker
Zimt
Backfett (Butterschmalz)

Dazu paßt Milch in jeder Form!

- Mehl mit zerlassener Butter und den anderen Zutaten zusammenmischen (mittelfester Teig)
- gut durchkneten, bis der Teig schön glatt ist
- in 4 Teile teilen, jedes Stück einzeln durchkneten
- ca. 20 Minuten zugedeckt stehen lassen
- jede Kugel zu einem dünnen Teigblatt ausrollen
- auf der Hälfte des Teigblattes in regelmäßigen Abständen von ca. 3 cm mit einem Eßlöffel die Fülle aufsetzen
- das Teigblatt zusammenschlagen
- mit dem Teigradl Krapfen ausradeln (jeweils zwischen der Fülle)
- im heißen Fett ausbacken (die obere Seite nach unten ins Fett einlegen), mit Fett begießen, damit sie schön aufgehen, dann umdrehen und hellbraun fertigbacken
- abtropfen lassen
- mit Staubzucker bestreut servieren.

Unterland — Hauptgerichte

Kluabakrapfen

Die Krapfen können auch nur mit Marmelade gefüllt werden.

Fülle:
- Birnen weichkochen
- faschieren
- mit geriebenem Mohn und anderen Geschmackszutaten vermischen
- eventuell mit der Flüssigkeit vom Birnenkochen zu einer geschmeidigen Masse verrühren

Mascherl

50 dag Mehl
5 dag Butter
2 EL Zucker
1 Prise Salz
Zitronenschale (ungespritzt)
2-3 Eier
1 Stamperl Rum
eventuell etwas lauwarme Milch
Zimt und Staubzucker zum Bestreuen

Vollgetreide verwenden!

Kompotte

jede Art von Milch

- Mehl mit Salz, Zucker, Zitronenschale vermischen
- Butter zergehen lassen
- mit den restlichen Zutaten zu einem mittelfesten Teig zusammenkneten
- gut durchkneten
- ca. 20 Minuten zugedeckt rasten lassen
- zu Rechtecken ausschneiden (3 x 7 cm)
- in der Mitte zusammendrücken, sodaß Mascherl entstehen
- im heißen Fett backen
- mit Zimt und Zucker noch heiß bestreuen

 verschiedene Formen ausstechen (Ringerl, Blattln = Moarblattln)

Unterland — Hauptgerichte

Zillertaler Krapfen

Teig:
30 dag Roggenmehl
10 dag griffiges Mehl
1 Prise Salz
Milch oder Wasser nach Bedarf (kalt)

Fülle:
1/2 kg Erdäpfel
1/4 kg Topfen (am besten direkt von einem Bauern)
Salz, Schnittlauch
etwas heißes Wasser
Backfett oder Butter zum Auspressen

Anstelle von Topfen kann man auch Graukäse verwenden!

verschiedene Salate oder Rübenkraut

Milch in jeder Form

- alle Zutaten für den Teig vermischen und so viel Flüssigkeit dazugeben, bis ein fester Nudelteig entsteht
- langes, kräftiges Kneten macht den Teig glatt
- aus diesem Teig ein Stück herunterschneiden, zu einer Rolle mit 5 cm Durchschnitt formen
- dann kleine Stücke aus dieser Rolle abschneiden und diese sehr dünn auswalken (runde Formen)
- mit Fülle belegen und zusammenschlagen, Rand gut ausdrücken, damit die Fülle nicht ausläuft
- in heißem Butterschmalz ausbacken bzw. in Butter herauspressen

Fülle:
- Erdäpfel kochen und passieren
- mit Topfen, Salz und Schnittlauch vermischen
- mit heißem Wasser zu einer bindigen Masse abrühren.

Zillertalerkrapfen
Rezept auf Seite 140

Holzknechtkrapfen
Rezept auf Seite 143

Unterland 🐌 **Hauptgerichte**

Holzknechtkrapfen

Teig:
15 dag Mehl
1 Dotter
2 Eier
ca. 3/8 l Milch
Salz

Fülle:
6 mittlere Erdäpfel
15 dag Graukäse
Schnittlauch
1 kleine Zwiebel
Salz, Pfeffer
etwas gekochtes Wasser

- Zutaten zu einem Palatschinkenteig zusammenrühren
- dünne Palatschinken herausbacken
- Erdäpfel kochen, passieren
- Graukäse verbröseln, daruntermischen
- feingeschnittene Zwiebel, Schnittlauch, Gewürze und eventuell etwas Wasser dazugeben,
- gut verrühren
- Palatschinken damit füllen
- sofort servieren

Gebackene Knödel

40 dag Mehl
Salz
2 dag Germ
2 Eier
2 dag Butter
lauwarme Milch
Backfett
Fleischsuppe

Vollgetreide verwenden!

Salate

- Mehl mit Salz vermischen
- Germ einbröseln oder Dampfl bereiten
- mit Eier, zerlassener Butter und lauwarmer Milch zu einem mittelfesten Germteig abschlagen
- gehen lassen
- Knödel ausformen
- zugedeckt gehen lassen
- im heißen Fett ausbacken
- in Fleischsuppe einlegen und mit Schnittlauch bestreut servieren

Unterland — Hauptgerichte

Brandenberger Kaser

Teig:
25 dag Mehl
ca. 3/8 l Wasser
Salz

Gschöp:
30 dag gekochte, fein passierte Erdäpfel
15 dag Graukäse
15 dag Butter
1 Zwiebel
Schnittlauch
Salz, Pfeffer
etwas heißes Wasser

- Palatschinkenteig bereiten
- dünne Blätter ausbacken
- mit Gschöp füllen
- einrollen
- heiß servieren

Fülle:
- Erdäpfel kochen, schälen und passieren
- mit Graukäse, Butter, Wasser, feingehackter Zwiebel, Salz und Pfeffer vermischen
- abrösten
- auf jedes "Bladl" aufstreichen und einrollen

Vollgetreide verwenden!

Milch
Buttermilch

Tschagrutschen

1/2 Schale Semmelbrot
1/2 Schale Süßrahm
2 Stamperl Rum
1 Handvoll Rosinen
1 EL Zucker
1 EL Zimt
1 Prise Salz
3 Schalen Mehl
etwas Milch
Butter zum Ausbacken

- alle Zutaten zusammenmischen
- Laibchen formen
- in Butter herausbacken

Vollmehl verwenden!

Unterland — Hauptgerichte

Schottnocken (Topfennocken, Broadanocken)

1/4 kg Mehl	✧ alle Zutaten zu einem eher weichen Teig zusammenrühren
1/2 kg Schotten (Topfen)	
2-3 Eier	✧ mit einem Löffel Nocken abstechen, im Fett anbraten
Salz	
etwas Milch	
Butter(schmalz) zum Abbraten	✧ umdrehen und fertigbacken

Vollmehl verwenden!

Schnittlauch dazugeben

Salat
Kompott

Milch oder Buttermilch

Bandnudeln

30 dag Mehl	✧ aus Mehl, Salz, Ei und lauwarmem Wasser einen Nudelteig bereiten
Salz	
1 Ei	
lauwarmes Wasser	✧ gut durchkneten
Salzwasser zum Kochen	✧ auswalken
	✧ Bandnudeln schneiden
	✧ in Salzwasser kochen

Bohnensuppe als Beilage zu verschiedenen Fleischspeisen

Unterland — Hauptgerichte

Samstagnocken

40 dag Mehl
etwas Salz
1 l Wasser
5 dag Butter
Schnittlauch
15 dag Käse

verschiedene Salate

jede Art von Milch

✧ in einer Pfanne 1 EL Butter zergehen lassen
✧ 1 l Wasser dazugeben, salzen, aufkochen lassen
✧ Mehl mit etwas Salz und einigen Tropfen Wasser verbröseln, Faferl bereiten
✧ in das kochende Wasser unter ständigem Rühren einkochen - langsam köcheln lassen
✧ geriebenen Käse darunterrühren, ziehen lassen
✧ mit heißer Butter abschmalzen
✧ mit Schnittlauch bestreuen

 In der Pfanne soll eine Prinze entstehen, daher sehr langsam köcheln lassen!

Wassermuas (Miasl)

1/4 kg Mehl
ca. 1/2 l Wasser
1 Prise Salz

Vollgetreide verwenden

als Einlage zu Brennsuppe

✧ Mehl mit Wasser und Salz zu einem Schmarrenteig abrühren
✧ in einer Pfanne ausbacken
✧ in kleine Stücke stampfen

Unterland — Hauptgerichte

Broadakrapfen

25 dag Weizenbrotmehl
25 dag Roggenmehl
Salz
ca. 1/4 l heißes Wasser
6 dag Butter

Fülle:
50 dag Topfen (Broada)
Salz
Schnittlauch
Butterschmalz

eventuell Salat

jede Form von Milch

- Mehl und Salz vermischen
- mit zerlassener Butter und heißem Wasser zu einem Teig verkneten
- ca. 15 Minuten zugedeckt rasten lassen
- eine Rolle formen, davon kleine Stücke abschneiden
- ovale Blätter austreiben
- mit Fülle belegen
- zusammenklappen, Rand andrücken
- im heißen Fett schwimmend ausbacken

 Spinatfülle:
Spinat blanchieren, mit Butter, Knoblauch und Zwiebel anschwitzen lassen, unter die Topfenmasse mischen, eventuell gekochte, geriebene Kartoffel dazugeben

Türkenwixer (Türkenreastl)

30 dag Türkenmehl
Salz
Wasser
Butter zum Ausbraten
eventuell 1-2 Äpfel

Buttermilch, Milch

- Türkenmehl salzen
- mit etwas heißem Wasser aufgießen
- quellen lassen
- in Butter oder Butterschmalz rösten
- zuletzt eventuell gehobelte Äpfel mitbraten

Unterland — Hauptgerichte

Schliachtarnudeln

Teig:
40 dag Mehl
2 Eier
Salz
lauwarmes Wasser

zum Kochen:
1 l Wasser
10 dag Graukäse
etwas Zieger
10 dag Schnittkäse
1 Schale Rahm
Salz
Schnittlauch
eventuell Zwiebel

- aus Mehl, Salz, Eier und etwas lauwarmen Wasser einen Nudelteig bereiten
- gut durchkneten
- auswalken
- Bandnudeln schneiden
- Wasser mit Salz und Zieger aufkochen
- Bandnudeln einkochen
- Graukäse und Schnittkäse dazugeben
- zuletzt Rahm untermischen
- einmal aufkochen
- mit Butter oder angerösteter Zwiebel abschmalzen
- mit Schnittlauch bestreut servieren

Milch
Buttermilch

 Schissalnudeln:
- Nudeln in Salzwasser kochen, abschrecken
- lagenweise mit Käse, Graukäse, Zieger in einer Schüssel schichten
- mit Zwiebelbutter abschmalzen
- mit Schnittlauch bestreut servieren

Unterland — Hauptgerichte

Broadaknödel (Topfenknödel)

40 dag Semmelbrot
15 dag Topfen
ca. 1/4 l Milch
1 Zwiebel
5 dag Butter
3 Eier
Petersilie, Salz
Butter und Zwiebel zum Abschmalzen

Salat

Milch

- kleinwürfelig geschnittenes Knödelbrot mit heißer Milch aufgießen
- feingeschnittene Zwiebel in Butter andünsten
- mit den restlichen Zutaten zu einem Knödelteig abmischen
- Knödel formen
- im Salzwasser oder Dampf garen
- mit lauwarmer Zwiebelbutter abschmalzen

Fastenknödel (Semmelknödel)

40 dag Semmelbrot
5 dag Butter
1 Zwiebel
Petersilie, Salz
3 Eier
eventuell etwas Mehl
ca. 1/4 l Milch

Erbsensuppe zu Fleisch- und Pilzgerichten servieren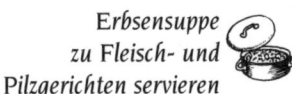

- würfelig geschnittenes Brot mit heißer Milch angießen
- feingeschnittene Zwiebel in Butter andünsten
- alle Zutaten rasch zu einem Knödelteig abkneten
- Knödel formen
- im kochenden Salzwasser oder Dampf garen

 Kasknödel:
Zur Semmelbrotmasse 25 dag geriebenen Käse (Tilsiter, Bergkäse, Graukäse, am besten gemischt) geben.

Unterland — Hauptgerichte

Schmarren (Zuckermuas)

30 dag Mehl
3-4 Eier
1 Prise Salz
ca. 1/2 l Milch
Butter zum Ausbacken

Nach dem Eingießen des Teiges können verschiedene Früchte daraufgestreut bzw. bereits vorher in den Teig eingearbeitet werden.

Kompotte
Preiselbeermarmelade

Milch

- Mehl mit Salz vermischen
- mit Milch abrühren
- zuletzt Eier leicht unterheben
- Butter in einer Pfanne erwärmen, Schmarren eingießen (in mehreren Partien)
- beidseitig backen
- in kleine Stücke stampfen
- mit Zucker bestreut servieren
- wenn Früchte beigemischt werden, mit Zimtzucker bestreuen

Zwetschkenschober

3/8 kg Topfen
3/8 l Milch
3/8 l Grieß
3 Eier
3 EL Zucker
Vanille
3 EL Butter
3/4 kg Zwetschken

Milch

- Topfen passieren
- mit Milch, Grieß, Dotter, Zucker und Vanille gut verrühren
- zuletzt den steifen Schnee unterziehen
- in einer Auflaufform Butter zergehen lassen
- mit halbierten Zwetschken auslegen
- Teig darübergeben
- bei 180°C ca. 30-40 Minuten backen
- mit Zucker bestreut servieren

Unterland — Hauptgerichte

Klotzenstrudel

1/2 kg Mehl
1/2 Würfel Germ
2-3 Eier
3 EL Zucker
1 Messerspitze Salz
1/8-1/4 l lauwarme Milch
5 dag Butter

Fülle:
ca. 25 dag Dörrbirnen (Klotzen)
ca. 1/2 l Wasser
1 EL Zimt
1 Messerspitze Nelkenpulver
Zucker nach Geschmack
1 Stamperl Rum
eventuell Vanillezucker

Zwetschkenmarmelade
zur Fülle mischen

Vollgetreide verwenden!

jede Form von Milch

- Mehl mit Salz und Zucker vermischen
- Germ einbröseln oder Dampfl zubereiten
- zerlassene Butter, lauwarme Milch und Eier dazugeben
- zu einem mittelfesten Germteig abschlagen
- zugedeckt gehen lassen
- Fülle bereiten
- Germteig zu einem Rechteck auswalken
- mit Fülle bestreichen
- einrollen
- ca. 3-4 cm dicke Stücke abschneiden
- mit der offenen Seite nach oben in eine befettete Form einlegen und backen

Fülle:
- Dörrbirnen mit Wasser weichkochen
- faschieren oder mixen
- mit den restlichen Zutaten und etwas Kochflüssigkeit zu einer geschmeidigen Masse abrühren

 nach dem Backen mit gesponnenem Zucker bestreichen:
1/8 l Wasser und 1/8 l Zucker spinnen (= aufkochen bis er Fäden zieht), etwas Zitronensaft dazugeben

Süße Schätze aus der Natur - Obst, konserviert für kalte Zeiten ...

Möglichkeiten gibt es genug, auch im Winter von den süßen Früchten zehren zu können!
- Schon früher wurden Äpfel und Birnen in Spalten aufgeschnitten, aufgefädelt und gedörrt, um daraus im Winter gute Speisen, wie z.B. Krapfen und Zelten zubereiten zu können.
  Auch als gesunde Nascherei zwischendurch erfreut sich Dörrobst jetzt besonderer Beliebtheit. Dafür können verschiedene Früchte im Backrohr (max. 60-70°C), im Dörrapparat, in der Sonne oder im Schatten (je nach Obstart) getrocknet werden. Luftig und trocken aufbewahren ist wichtig.
- Marmeladen, Jams und Gelees in den verschiedensten Mischungen sorgen für Abwechslung am Frühstücks- oder Jausentisch. Für die Zubereitung soll nur einwandfreies Obst verwendet werden.
- Auch Kompotte sind im Winter gefragt - dafür gibt es einige Ideen in diesem Buch, und natürlich werden Interessierte weitersuchen und ... finden, vielleicht schon bei der benachbarten Bäuerin?
- Konzentriertes Fruchterlebnis im Winter bieten selbsterzeugte Säfte - entweder als Rohsaft gewonnen oder durch die erprobte Methode des Dampfentsaftens, wodurch gleichzeitig eine gute Haltbarkeit gegeben ist.
- Und auch auf einen guten Obstkuchen, auf Moosbeernocken oder Marillenknödel im Winter brauchen Sie dank der Möglichkeit des Einfrierens nicht verzichten.

Sie sehen die Arbeit lohnt sich, oder vielleicht finden Sie eine Bäuerin, welche diese Kostbarkeiten für Sie zubereitet?

Unterland Beilagen

Dörrpflaumenkompott

1/4 kg Dörrpflaumen
5 dag Zucker
1 l Wasser
1/2 Zimtstange
2 Nelken

- alle Zutaten aufkochen lassen
- überkühlt servieren

beliebt zu verschiedenen Germteigspeisen

Hollermandl

1/2 l Wasser
20 dag Zucker
1 Zimtstange
3 Nelken
1/2 kg Hollerbeeren
2 EL Maizena

- Wasser mit Zucker und Gewürzen aufkochen
- Hollerbeeren mitkochen
- Maizena mit etwas kaltem Wasser verrühren
- Kompott damit eindicken

anstatt Hollerbeeren Moosbeeren verwenden

 *heiß mit Vanilleeis servieren: ergibt eine wunderbare Nachspeise*

Holler- oder Moosbeermandl wird als Zuspeise für Germteigspeisen gerne verwendet.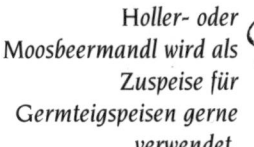

Eiermilch

1/4 l Milch
1/4 l Rahm
3 Dotter
3 EL Zucker
Vanille
1 Stamperl Rum

- alle Zutaten sehr gut miteinander vermischen
- eventuell mixen

Unterland — Beilagen

Eierbier

1 l Bier
2 EL Zucker
2 Eier

dunkles Bier verwenden
Stärkungsmittel

- alle Zutaten gut miteinander verrühren

Abgeschmalzene Erdäpfel

1 kg Kartoffel
Kümmel, Salz
15 dag Bauchspeck

mit Zwiebelbutter
abschmalzen

Salate

Milch

- Erdäpfel schälen
- vierteln
- im Wasser oder im Dampf weichkochen
- würzen
- dann abseihen
- Speck würfelig schneiden, anrösten
- Erdäpfel damit übergießen

Dinkelroulade

1/4 l Eiklar
1 Prise Salz
12 dag Staubzucker
10 dag geriebene Schokolade
oder 1 EL Kakao
10 dag Dinkel
1 EL Rum
1 Pkg. Vanille
2 EL Öl
Marillenmarmelade zum Füllen

- Eiklar und eine Prise Salz zu festem Schnee schlagen
- langsam Zucker und Vanille einschlagen
- Schokolade und Dinkelmehl mit Öl und Rum unter die Masse ziehen
- Backblech mit Backpapier auslegen
- Masse aufstreichen
- bei 190°C Heißluft ca. 10 Minuten backen
- Geschirrtuch mit Kristallzucker bestreuen
- Kuchen darauf stürzen, vorsichtig Backpapier lösen
- mit heißer Marillenmarmelade, vermischt mit etwas Rum, einstreichen
- einrollen und anzuckern

Unterland — Nachspeisen, Gebäck

Stanitzel

5 Eier
25 dag Staubzucker
15 dag griffiges Mehl
Vanille
Schlagrahm zum Füllen
eventuell verschiedene Früchte

 Stanitzel lassen sich sehr gut auf Vorrat backen, in einer Dose aufbewahren!

- alle Zutaten kurz zusammenrühren
- Blech befetten und bemehlen
- mit einer Untertasse Kreis markieren
- Teig ganz dünn aufstreichen
- rasch backen
- sofort zu Stanitzel zusammendrehen
- erkaltet mit Schlagrahm füllen
- eventuell Früchte dazugeben

Brandenberger Prügeltorte

1/2 kg Eier (ca. 10 Stück)
1/2 kg Zucker
1/2 kg Mehl
1/2 kg Butter
Vanille
Zitronenschale

- Eier mit Zucker dickschaumig rühren
- Mehl dazugeben
- Zitrone und zerlassene Butter dazugeben

 Die Prügeltorte ist ein altes Brauchtumsgebäck. Sie wird auf einem nudelwalkerähnlichen, leicht kegelförmigen Prügel, der über dem Feuer eingehängt wird, gebacken. Der Prügel wird gedreht und nach und nach mit Teig begossen. Fehlt Ihnen die entsprechende Vorrichtung, fragen Sie einmal beim Bauernmarkt.

Unterland — Nachspeisen, Gebäck

Kirschkuchen

25 dag Butter
25 dag Zucker
3 Eier
1 Prise Salz
25 dag Mehl
1 TL Zimt
1 TL Backpulver
Kirschen

Dinkel- oder Weizenvollmehl verwenden, 1 Ei zusätzlich!

Probieren Sie den Kuchen mit Marillen, Zwetschken oder beliebigem anderen Obst!

- Butter, Dotter, Zucker und Geschmackszutaten schaumig rühren
- Eiklar zu festem Schnee ausschlagen
- abwechselnd den Abtrieb und das Mehl (vermischt mit Backpulver) unterheben
- 2/3 des Teiges in eine Tortenform füllen
- Kirschen darauf verteilen
- restlichen Teig mit Löffel häufchenweise darauf verteilen
- ca. eine 3/4 Stunde bei 180°C Heißluft backen
- mit Zimtzucker bestreuen

Unterland – Nachspeisen, Gebäck

Walnußkuchen

20 dag Butter
20 dag Zucker
5 Eier
2 EL Rum
1 TL Zimt
12 dag Mehl
1 Messerspitze Backpulver
20 dag geriebene Walnüsse

Dinkel- oder Weizenvollmehl verwenden, 1 Ei zusätzlich!

In Folie eingewickelt bleibt der Kuchen längere Zeit saftig: Vorratskuchen!

- Butter mit Zucker, Dotter und Geschmackszutaten schaumig rühren
- Eiklar steif schlagen
- abwechselnd die Dottermasse mit Nüssen und Mehl (vermischt mit Backpulver) unterheben
- in eine große Kastenform füllen und ca. 3/4 Stunden bei 180°C Heißluft backen
- mit heißer Marmelade bestreichen
- mit Schokoladeglasur überziehen

 Schnee mit 1 Prise Salz ausgeschlagen wird steifer

Lammkoteletten
Rezept auf Seite 175

Hochzeitsnigelen – eine typisch Osttiroler Speise
Rezept auf Seite 178

Unterland — Nachspeisen, Gebäck

Angerberger Magenbrot

1/2 kg Roggenmehl
1/2 kg Weizenmehl
2-3 Eier
1 Prise Salz
2 EL Öl
1/4 l Milch
1/4 kg Zucker
1 Würfel Feigenkaffee
1 Pkg. Backpulver
1 Pkg. Vanille

Glasur:
1/8 l Wasser
1/4 kg Zucker
2 EL Kakao
1 KL Zimt
1/2 KL Nelkenpulver

- alle Zutaten zusammenkneten
- Rollen formen
- in Klötzerl schneiden
- backen
- ofenwarm in die Glasur tunken bzw. Klötzchen damit übergießen

Glasur:
- Wasser mit Zucker spinnen (ca. 1/2 Stunde kochen)
- Gewürze dazugeben

Vollgetreide verwenden!

Almnüsse

1 kg Mehl
30 dag Staubzucker
4 Eier
1 Prise Salz
1 Pkg. Vanille
1 Stamperl Rum
1 Zitrone/Saft und Schale
ca. 1/4 l Rahm
Backfett

- alle Zutaten zu einem Teig zusammenkneten
- gut durchkneten bis er glatt ist
- ca. 1/4 Stunde rasten lassen
- Rollen ausformen
- kleine Stücke abschneiden und daraus Kugerl formen
- in Butterschmalz ausbacken

Vollgetreide verwenden!

in Zimt-Zucker-Gemisch wälzen

Almnüsse wurden früher beim Almabtrieb verteilt!

Unterland — **Nachspeisen, Gebäck**

Germzopf

80 dag Mehl	✧ Mehl mit Salz, Zucker und Gewürzen vermischen
10 dag Butter	
1 Dotter	✧ Dampfl bereiten oder Germ einbröseln
ca. 1/2 l Milch	
4 dag Germ	✧ mit zerlassener Butter und lauwarmer Milch zu einem mittelfesten Germteig verkneten
1 Prise Salz	
Rum	
10 dag Zucker	
Anis	

- 80 dag Mehl
- 10 dag Butter
- 1 Dotter
- ca. 1/2 l Milch
- 4 dag Germ
- 1 Prise Salz
- Rum
- 10 dag Zucker
- Anis

Vollgetreide verwenden!

Rosinen dazugeben

✧ Mehl mit Salz, Zucker und Gewürzen vermischen
✧ Dampfl bereiten oder Germ einbröseln
✧ mit zerlassener Butter und lauwarmer Milch zu einem mittelfesten Germteig verkneten
✧ zugedeckt gehen lassen
✧ Zopf ausformen
✧ noch einmal kurz gehen lassen
✧ mit Ei bestreichen
✧ ca. 45 Minuten bei 180°C Heißluft backen

Neidegger Hausbrot

- 1/2 kg Roggenbrotmehl
- 1/2 kg Weizenbrotmehl
- 1 Pkg. Germ
- Salz
- Kümmel, Koriander
- Fenchel, Anis
- Wasser

✧ Mehl mit Salz und Gewürzen mischen
✧ Dampfl bereiten
✧ mit warmem Wasser zu schönem Brotteig abkneten
✧ ca. 1 Stunde gehen lassen
✧ Laibe ausformen
✧ mit Wasser oder Kaffee bestreichen, einstechen
✧ noch einmal kurz gehen lassen
✧ bei ca. 200°C (Heißluft 170°C) ca. 1 Stunde backen

Unterland — Nachspeisen, Gebäck

Brezen

45 dag Dinkel
45 dag Weizenmehl
2 dag Salz
1 Würfel Germ
ca. 1/2 l kaltes Wasser
Lauge (vom Bäcker oder aus der Apotheke)
grobes Salz zum Bestreuen

- feingemahlenen Dinkel mit Weizenmehl und Salz vermischen
- Dampfl bereiten oder Germ einbröseln
- mit kaltem Wasser zu festem Germteig abkneten
- kurz rasten lassen
- Teigstücke ausrollen und zu Brezen schlingen
- verkehrt auf ein mit Backpapier ausgelegtes Blech auflegen
- ca. eine halbe Stunde kühl gehen lassen
- mit Lauge gut bestreichen und mit grobem Salz bestreichen
- heiß backen (ca. 200°C Heißluft): Rohr einen Spalt offen lassen, damit der Laugendampf entweichen kann.

Unterland — Nachspeisen, Gebäck

Rotholzer Vollkornbrot

1 kg Dinkel
1 kg Triticale
1 kg Weizenbrotmehl
1 Handvoll Brotgewürz
2 Pkg. Germ
Sauerteig
ca. 5 dag Salz
lauwarmes Wasser oder Molke

- Dinkel und Triticale (feingemahlen) mit Salz und Gewürzen vermischen
- mit Wasser oder Molke aufgießen
- einige Stunden stehen lassen, damit Vollgetreide quellen kann
- Sauerteig mit etwas Wasser und Mehl vermischen (dickflüssiger Teig), ebenso einige Stunden gehen lassen
- zum Weiterarbeiten Weizenbrotmehl, Sauerteig und Germ zum Vollmehlgemisch geben
- gut abkneten - eventuell etwas Flüssigkeit oder Mehl, je nach Festigkeit, einkneten
- gut gehen lassen
- Laibe ausformen - diese nochmals kurz gehen lassen
- mit Wasser bestreichen, nach Bedarf mit Sesam bestreichen
- bei 190°C Heißluft ca. 1 Stunde backen

Unterland — Verschiedenes

Graukäse

Magermilch

Graukäse wird gegendweise sehr unterschiedlich zubereitet, er ist sehr unterschiedlich im Aussehen und im Geschmack.

Wer Graukäse erzeugen will, tut gut, wenn er vorher auf einem Betrieb zuschauen darf. Solche Möglichkeiten wahrzunehmen, ist die beste Gelegenheit zum Erlernen dieser "Wissenschaft", denn "Graukäse" braucht viel Übung und Erfahrung.

- ✧ Magermilch zur Säuerung an einen warmen Platz stellen (eventuell Sauermilch oder Molke aus einem Betrieb, bei dem die Graukäseerzeugung funktioniert, zusetzen)
- ✧ 1-3 Tage stehen lassen, die Milch muß stocken und sehr gut sauer sein (auf der Oberfläche der gestockten Milch entstehen Risse)
- ✧ gestockte Milch in einen Topf umschöpfen, langsam auf 35-45°C erwärmen (am besten über Nacht zugedeckt stehen lassen): Topfen soll oben schwimmen
- ✧ noch einmal erwärmen auf 50-53°C
- ✧ den schwimmenden Topfen in Stücke schneiden, öfters umdrehen
- ✧ gut ziehen lassen
- ✧ abschöpfen, ca. 6 Stunden austropfen lassen
- ✧ mit Salz, Pfeffer, eventuell Kümmel verbröseln
- ✧ in eine gelochte Form drücken, ca. 12 Stunden stehen lassen, stürzen
- ✧ warm reifen lassen, bis auf der Oberfläche Risse entstehen
- ✧ täglich wenden
- ✧ im Keller (15-20°C) ca. 2 Wochen ausreifen lassen

Unterland — Verschiedenes

Ziegerkugeln

Käsemolke (Jutten)
oder
Buttermilch (vom Buttern)

Zieger fein aufgerieben paßt zu vielen Nudelgerichten und Suppen sehr gut!

- Käsemolke oder Buttermilch auf ca. 60°C erhitzen
- stehen lassen, bis sich der Schotten zusammenzieht (Schotten ist dem Topfen ähnlich)
- abseihen, austropfen lassen
- nach 2-3 Tagen fein verbröseln
- würzen mit Pfeffer, Salz, eventuell Paprika
- Kugeln formen
- 1 Tag auf einem Brett antrocknen lassen
- dann 3-4 Tage räuchern
- an der Luft fertigtrocknen lassen

Pechsalbe

zu gleichen Teilen:
Olivenöl
Schweinefett
Bienenhonig
Pech (Lärche, Fichte, Tanne, Föhre, Latsche)
Bienenwachs

sehr gute Wund- und Heilsalbe

- Schweinefett (Filz oder Rückenspeck) auslassen
- abseihen
- Baumpech in einem alten Kochtopf mit diesem Fett auskochen
- abseihen
- Bienenwachs dazugeben
- abkühlen
- langsam Honig und Olivenöl dazugeben
- in Salbentiegerl abfüllen

Osttirol

So wie in jedem Tiroler Landesteil hat auch in Osttirol beinahe jedes Tal, das meist eine Einheit für sich bildet, "seine" Spezialitäten oder zumindest eine gänzlich andere Bezeichnung für diese Speisen.

Die Osttiroler Kost ist nahe verwandt mit der Südtiroler, im speziellen der "Pusterer Küche".

Die überlieferte Hausmannskost wird geprägt von den Produkten, die Acker und Stall damals lieferten, da ein Zukauf von Lebensmitteln aus finanziellen und verkehrstechnischen Gründen nicht möglich war. Auf den Äckern wurden Roggen, Gerste, Hafer, wenig Weizen, Buchweizen (Schwarzplenten) und Erdäpfel angebaut. Verwendetes Obst und Gemüse erhielt man aus dem Hausgarten und von wilden Sträuchern. Ein beliebtes Lebensmittel war der Mohn, der auf den Bauernhöfen selbst angebaut wurde und für viele Gerichte verwendet wurde.

Milch war auf den Höfen meist ausreichend vorhanden. Daher wurde sie fast zu jeder Speise auf den Tisch gebracht, und zusätzlich versorgte man sich mit Butter, Topfen, Käse und anderen Milchprodukten selbst.

Fleisch gab es nur zu besonderen Festtagen, den "Kuchlfesttagen", wie z.B. Weihnachten, wo knapp vorher geschlachtet wurde. Da keine Möglichkeit zum Tiefgefrieren bestand, wurde es zum Großteil eingesurt und geselcht. So war es länger haltbar und konnte noch für verschiedene Gerichte, wie z.B. den Gerstenbrein (Gerstensuppe mit Fleischstücken) verwendet werden.

Der Speiseplan der damaligen Zeit war nicht sehr abwechslungsreich, dafür aber umso energiereicher, was durch anstrengende körperliche Arbeit auf den Bauernhöfen Berechtigung fand. "Wie die Verpflegung, so die Bewegung" - war ein Anspruch vieler Knechte.

Zum Frühstück gab es vorwiegend Brennsuppe, Schottsuppe, Muas und dazu Milch. Danach folgte der "Neuner" (Vormaß) mit Milch und Brot. Zum Mittagessen wurde Gersten-, Schotten- oder Pfarfelesuppe aufgetragen, anschließend folgten dienstags und donnerstags Knödel, mittwochs Strauben oder Nudeln, freitags Kiachln oder Polenta, samstags Schlipfkrapfen, sonntags Knödel mit Kraut, manchmal sogar Fleisch. Am Nachmittag aß man zur "Marende" Brot mit Milch, eventuell auch Malzkaffee und zum "Znachtessen" Suppe, anschließend meist Kartoffeln und Milch oder Muas.

Die Kost war einfach und gut. Eine bewußte Rückbesinnung auf die Eßgewohnheiten unserer Vorfahren kann uns aufzeigen, wie vielfältig man mit wenig Zutaten kochen kann. Diese Gerichte können wir auf unsere Ernährungssituation umlegen, mit heimischemGemüse, Obst und Fleisch aufwerten: sie sollen Osttiroler Spezialitäten bleiben, für uns und unsere Nachkommen!

Osttirol — Suppen

Gerstensuppe mit Bohnen

6 dag Rollgerste
5 dag Bohnen
10 dag Wurzelwerk
15 dag Selchfleisch oder Speck
1 1/2 l Wasser
Salz
Petersilie
1 Spritzer Essig

- Gerste und Bohnen über Nacht einweichen
- alle Zutaten dazugeben und kochen, nicht salzen (eventuell im Dampfdrucktopf)
- wenn Fleisch gar ist, alle Zutaten würfelig schneiden
- salzen und abschmecken

Wenn das Salz gleich dazukommt, dauert es länger, bis die Hülsenfrüchte gar sind! Ein Spritzer Essig macht das Eiweiß der Hülsenfrüchte leichter verdaulich!

Gerstensuppe

20 dag Speck
10 dag Gerste
1 Karotte
1 kleine Petersilienwurzel
1,5 l Wasser
Salz

"Krautgeascht" (Krautgerstl): zuletzt Sauerkraut dazugeben, wird eintopfartig

- Gerste über Nacht einweichen
- die Hälfte des Speckes kleinwürfelig schneiden
- anrösten - glasig werden lassen
- gequollene Gerste und würfelig geschnittenes Wurzelwerk dazugeben
- mit Wasser aufgießen
- die andere Hälfte des Speckes im Ganzen mitkochen

Osttirol Suppen

Schottsuppe

3 dag Butter
4 dag Mehl
3/4 l Milch
3/4 l Waser
10 dag bröseliger
Topfen (Schotten)
1/8 l Rahm
Schnittlauch
Salz

Vollmehl verwenden!

- Butter erhitzen
- Mehl anschwitzen lassen
- mit Milch und Wasser aufgießen
- den Schotten einbröseln
- würzen
- ca. 20 Minuten kochen lassen
- Süßrahm dazugeben, noch einmal aufkochen lassen
- mit Schnittlauch bestreut servieren

Milzschnittensuppe

Weißbrotscheiben
Milz
Knoblauch
Salz, Pfeffer
Petersilie
Thymian
5 dag Butter
1 Ei
2-3 EL Semmelbrösel
Butterschmalz zum Ausbacken
Rindsuppe
Schnittlauch

- Milz ausstreifen und fein wiegen
- Butter abtreiben, Milz, Ei, Gewürze und Kräuter dazugeben
- mit Semmelbrösel binden
- Masse auf Weißbrotscheiben aufstreichen
- in Butterschmalz ausbacken
- in Schnitten schneiden
- mit Suppe servieren

Osttirol ❦ Suppen

Brennesselsuppe

3 dag Butter
3 dag Mehl
1 Knoblauchzehe
1 kleine Zwiebel
1/2 l Milch
ca. 1/2 l Wasser
Salz
1 großes Büschel junge Brennesselblätter
1 Zweigerl Liebstöckl
Petersilie
Schnittlauch
1/8 l Rahm

- Brennessel blanchieren und feinhacken oder mixen
- feingeschnittene Zwiebel in Butter anlaufen lassen
- Mehl anschwitzen
- mit Milch und Wasser aufgießen
- würzen
- feingehackte Brennesselblätter, Kräuter und Knoblauch dazugeben
- zuletzt mit Rahm verbessern

Milchsuppe mit Grieß

1 l Milch
6 dag Grieß
1 Prise Salz
1 EL Zucker
1/2 Zimtstange

- Milch mit Salz, Zucker und Zimtstange aufkochen
- Grieß einkochen
- leicht köcheln lassen
- nach Belieben ein nußgroßes Stück Butter in die Suppe geben

anstatt Grieß 7 dag Reis oder 4 dag Haferflocken verwenden

einfaches, schnelles Abendessen, vor allem für Kinder

Osttirol — Hauptgerichte

Zwiebelkuchen

Teig:
1/2 kg Mehl
1 Prise Salz
2 dag Germ
ca. 1/4 l lauwarme Milch

Belag:
1/2 kg Zwiebel
15 dag Bauchspeck
1/8-1/4 l Sauerrahm
20 dag geriebener Käse
Oregano, Majoran, Basilikum
Kümmel, Salz, Muskat

Vollgetreide verwenden!

Kartoffelsuppe
Salat

- Mehl mit Salz vermischen
- Germ einbröseln oder Dampfl bereiten
- mit lauwarmem Wasser zu einem mittelfesten Germteig abschlagen
- zugedeckt ca. 30 Minuten gehen lassen
- auswalken auf Blechgröße, ca. 1 cm dick
- Belag darüberstreichen
- bei 180°C Heißluft ca. 1/2 Stunde backen

Belag:
- Speck würfelig schneiden, anrösten, bis er glasig ist
- Zwiebel ringelig schneiden, mitrösten
- diese Masse leicht überkühlen lassen
- Sauerrahm, geriebenen Käse und Gewürze dazugeben
- gut verrühren und auf den Teig aufstreichen

Osttirol — Hauptgerichte

Schöpsernes mit Wurzelsauce

1 kg Schaffleisch
25 dag Wurzelwerk (Karotten, Petersilie, Sellerie, Lauch, Zwiebel)
Pfefferkörner
Lorbeerblatt
Majoran
Liebstöckl
Thymian
Rosmarin
4 dag Olivenöl
1/8 l Sauerrahm

Rosmarinkartoffeln
Eingebrannte Erdäpfel

- ✧ Wasser mit Gewürzen und Wurzelwerk aufkochen
- ✧ Fleischstücke in das kochende Wasser einlegen und kochen, bis das Fleisch gar ist
- ✧ Fleischstücke herausnehmen, in Mehl wälzen
- ✧ in Öl auf allen Seiten knusprig anbraten
- ✧ mit der Kochbrühe übergießen
- ✧ im Rohr bei 200°C kurz braten
- ✧ Brühe mit Wurzelwerk mixen, abschmecken
- ✧ mit Sauerrahm verbessern

Osttirol — Hauptgerichte

Osttiroler Schlipfkrapfen

Teig:
30 dag glattes Mehl
1 Ei Salz
ca. 1/4 l lauwarmes Wasser

Fülle:
30 dag gekochte Erdäpfel
15 dag Topfen
1 kleine gehackte Zwiebel
4 dag Butter
10 dag geriebenen Käse
Schnittlauch

Vollgetreide verwenden

Salat

jede Art von Milch

Bei den original Osttiroler Schlipfkrapfen werden die Teigränder verziert – gepitscht. Pitschen: mit Daumen und Zeigefinger den Rand mehrfach umlegen, dadurch entsteht ein zöpfchenähnlicher Rand.

- aus Mehl, Ei, Salz und lauwarmem Wasser einen mittelfesten Nudelteig bereiten
- zugedeckt ca. 20 Minuten rasten lassen
- messerrückendick auswalken
- rund ausstechen
- Fülle häufchenweise auf die Teigblätter geben
- Teigränder zusammenschlagen und fest andrücken
- mit feuchtem Hangerl abdecken
- in kochendes Salzwasser partienweise einlegen
- ca. 10 Minuten leicht kochen lassen
- abschrecken
- mit zerlassener Butter, geriebenem Käse und Schnittlauch servieren

Fülle:
- Erdäpfel kochen, schälen und passieren
- passierten Topfen dazugeben
- Zwiebel in Butter anrösten, zur Fülle mischen
- mit Salz und Schnittlauch abschmecken

Osttirol — Hauptgerichte

Schwarzplentenknödel

30 dag Semmelbrot
1/4 kg Bauchspeck
1 kleine Zwiebel
3-4 Eier
ca. 1/4 l Milch
20 dag Schwarzplentenmehl
(= Buchweizen)
Salz
Petersilie

Sauerkraut
oder als Beilage zu
Fleischgerichten

- Semmelbrot würfelig schneiden
- mit heißer Milch übergießen
- Speck kleinwürfelig schneiden
- mit feingeschnittener Zwiebel anrösten
- mit feingehackter Petersilie und Salz zum Knödelbrot geben
- Eier und Buchweizenmehl daruntermischen
- zu einem eher weichen Teig vermengen
- kurz rasten lassen
- Knödel formen
- im Salzwasser oder im Dampf garen

Lammkoteletten

6 Lammkoteletten
Salz
etwas Olivenöl
Knoblauch
Rosmarin
Thymian
Oregano
Erdäpfel
Tomaten

Fisolen
Salate

- Lammkoteletten mit Olivenöl, Knoblauch und Gewürzen einreiben
- in wenig Olivenöl beidseitig anbraten
- mit ganz wenig Wasser aufgießen
- Erdäpfel schälen, in Scheiben schneiden, mitbraten
- vor dem Garwerden einige Tomaten kurz mitbraten

Osttirol Hauptgerichte

Speckknödel

40 dag Knödelbrot oder
altbackene Semmeln
15 dag Speck
15 dag Wurst oder
Selchfleischreste
1 Zwiebel
Petersilie
Salz
3 Eier
ca. 1/4 l Milch
eventuell etwas Mehl
Rindsuppe, Sauerkraut, Salate,
Apfelmus

*im Backfett ausbacken,
dann erst mit Suppe
servieren*

- Knödelbrot (bzw. Semmeln in Würfel geschnitten) mit heißer Milch übergießen
- Speck und Zwiebel feinwürfelig schneiden und anrösten
- zur Brotmasse dazugeben, würzen
- ebenso feinwürfelig geschnittene Wurst und gehackte Petersilie daruntermischen
- mit Eier und eventuell etwas Mehl zu einem Knödelteig abkneten
- mit nassen Händen Knödel formen
- in kochendem Salzwasser oder im Dampf garen

Osttirol — Hauptgerichte

Osttiroler Blattlstock

Germteig:
75 dag Mehl
10 dag Staubzucker
10 dag Butter
2 Eier
1 Pkg. Germ
Salz
ca. 1/4 l Milch

Fülle:
75 dag Mohn
20 dag Zucker
1 Stamperl Rum
Zimt
Nelkenpulver
Zitronenschale
ca. 1/2 l Milch
30 dag Butter zum Abschmalzen
Zuckerwasser

Vollgetreide verwenden

- aus Mehl, Zucker, zerlassener Butter, Eiern, Salz, Germ und lauwarmer Milch einen mittelfesten Germteig bereiten
- zugedeckt gehen lassen
- eine Rolle formen
- 5 Stücke abschneiden, diese zu runden Blättern auswalken, zugedeckt gehen lassen, einstechen
- bei 180°C (Heißluft) backen
- Mohn mit Milch, Zucker und Gewürzen aufkochen
- auskühlen lassen
- Teigblätter mit Zuckerwasser einstreichen
- mit Mohnfülle und zerlassener Butter bestreichen
- Blätter übereinander legen
- auf das letzte Blatt am meisten Butter geben, damit sie seitlich abtropft und erstarrt

Osttirol — Hauptgerichte

Hochzeitsnigelen

40 dag Mehl
2 Erdäpfel
1 Ei
1 Dotter
ca. 1/4 l Milch
5 dag Butter
Salz
2 dag Germ
1 EL Zucker
Backfett
Mohn zum Bestreuen
Honigsauce zum Begießen

Vollmehl verwenden!

Kompotte
Apfelmus

Milch

- Mehl mit gekochten, geriebenen Erdäpfeln, Salz und Zucker vermischen
- Germ einbröseln oder Dampfl bereiten
- mit zerlassener Butter und lauwarmer Milch zu einem weichen Germteig abschlagen
- aufgehen lassen
- nußgroße Teigkugerl abstecken, rund ausformen
- zugedeckt gehen lassen
- im heißen Fett ausbacken
- mit Mohn bestreuen und mit Honigsauce begießen

Honigsauce:
- Honig mit etwas Butter und Wasser leicht erwärmen

 Ingsante Nigelen:
- 5 dag Mehl in 5 dag Butter anschwitzen
- mit ca. 1/2 l Milch aufgießen
- gut verrühren
- Vanille, Rum und 1 EL Zucker dazugeben
- Nigelen in diese Sauce einlegen und servieren

Osttirol — Beilagen

Eingemachter Kürbis

7 l Kürbiswürfel
1/2 l Weinessig
Zucker (Hälfte des Kürbisgewichtes)
1 Zimtrinde
5 Nelken
2 Zitronen
1/2 l Weißwein
1 Stück Ingwer

paßt gut zu Fleischgerichten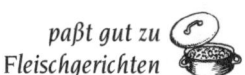

- Kürbis in Würfel schneiden
- mit Essigwasser übergießen (soviel Wasser dazugeben, daß die Würfel eingeweicht sind)
- einen Tag stehen lassen
- abseihen
- die Flüssigkeit mit den restlichen Zutaten aufkochen
- die Kürbiswürfel einlegen und bißfest kochen
- heiß in Gläser füllen und gut verschließen

Specksalat

1 Kopf Salat
10 dag feingeschnittener Bauchspeck
3 Schwarzbrotscheiben

- Speck anrösten
- Schwarzbrotscheiben in Würfel schneiden und mitrösten
- überkühlen lassen
- mit Essig vermischen und Salat damit marinieren.

 Frische Kräuter verfeinern den Salat! (Schnittlauch, Zitronenmelisse, Dill, Bohnenkraut, Estragon)

Osttirol — Beilagen

Brennesselspinat

20 dag junge Brennesselblätter
5 dag Butter
ca. 1/2 l Milch
2-3 EL Mehl
Salz, Pfeffer, Muskat, Knoblauch

- Brennessel blanchieren, passieren
- Mehl in Butter anschwitzen lassen
- mit Milch aufgießen
- Brennessel und Gewürze dazugeben
- kurz aufkochen lassen

Rosmarinerdäpfel

6 große Erdäpfel
Olivenöl
Rosmarin
Salz

mit Salat ein einfaches gutes Abendessen

Beilage zu Fleischgerichten

- Kartoffel schälen
- in ca. 1/2 cm dicke Scheiben schneiden
- Olivenöl in einer Pfanne erhitzen
- Erdäpfelscheiben anbraten
- mit viel Rosmarin (am besten frisch!) bestreuen
- fertigbraten - erst zuletzt salzen!

 Rosmarinerdäpfel lassen sich sehr gut im Backrohr zubereiten: in eine Form einlegen, Rosmarin und Öl dazugeben, bei 190°C ca. 45 Minuten backen, zuletzt salzen

Osttirol – Beilagen

Milchpunsch

1/2 l Milch
1/2 l Rahm
10 dag Zucker
2 Dotter
1/2 Stange Vanille
1/4 l Rum

- Milch mit aufgeschlitzter Vanilleschote aufkochen
- ca. 10 Minuten köcheln lassen
- abseihen
- mit Zucker und Rahm vermischen
- noch einmal aufkochen
- dann Dotter einsprudeln
- überkühlen lassen
- mit Rum vermischen

Milchpunsch ist ein ideales Getränk zu verschiedenen Germteigspeisen oder anderen Süßspeisen

Osttirol — Nachspeisen, Gebäck

Gute Schnitten

3 Eier
3 Eier schwer Butter
3 Eier schwer Zucker
3 Eier schwer Mehl
3 Rippen Schokolade
Ribiselmarmelade

Schokoladeglasur:
15 dag Schokolade
10 dag Butter

- Butter mit Zucker und Eier abtreiben
- erweichte Schokolade dazugeben
- Mehl unterheben
- auf befettete und bemehlte Kuchenform streichen
- bei 180°C backen
- erkaltet mit heißer Ribiselmarmelade bestreichen
- mit Schokoladeglasur überziehen

Joghurtkuchen

1 Becher Joghurt
1 1/2 Becher Zucker
3 Becher Mehl, griffig
1 Becher Öl (bzw. zerlassene Butter)
1 Pkg. Vanille
1 Pkg. Backpulver
5 Eier
etwas Marillenmarmelade
ein Schuß Rum

Glasur:
15 dag Schokolade
10 dag Butter

feingemahlenes Dinkelmehl verwenden, zusätzlich 1 Ei, weil Vollmehl mehr Flüssigkeit braucht

- Dotter mit Zucker und Vanille schaumig rühren
- Eiklar zu festem Schnee schlagen
- Dottermasse abwechselnd mit Öl, verrührtem Joghurt und Mehl (vermischt mit Backpulver) unterheben
- In eine Tortenform füllen, bei 180°C Heißluft ca. 3/4 Stunden backen.
- Schokolade mit Butter über Dampf erweichen
- Kuchen mit heißer Marillenmarmelade, vermischt mit Rum, überziehen und glasieren

Osttirol — Nachspeisen, Gebäck

Lebkuchen

80 dag Roggenmehl
1/4 kg Honig
1/2 kg Zucker
4 Eier
2 KL Zimt
2 KL Muskat
2 KL Nelkenpulver
2 1/2 KL Natron
1 EL Kakao
2 EL zerlassene Butter
Zitronenschale
1/8 l Kaffee

Vollgetreide verwenden!

- Zucker mit den Gewürzen mischen
- Eier dazugeben, mit der Schneerute verrühren
- Honig, Rum, zerlassene Butter, Kakao und Kaffee dazugeben
- Mehl mit Natron vermischen und darunterheben
- Teig auf das befettete Blech streichen
- Rohr vorheizen
- ca. 15 Minuten backen bei ca. 200°C (oder 170°C Heißluft) und in Stücke schneiden

Haferflockenbusserl

10 dag Butter
10 dag Zucker
1 Ei
5 dag Mehl
15 dag Haferflocken
1/2 Pkg. Backpulver

Vollmehl verwenden!

in Rum eingeweichte Rosinen oder würfelig geschnittene Schokolade dazugeben

- aus der Hälfte der Butter, des Zuckers und dem Ei einen Abtrieb bereiten
- Haferflocken mit restlicher Butter und Zucker anrösten, überkühlen lassen
- Mehl vermischt mit Backpulver und Haferflocken zum Abtrieb geben (eventuell etwas Milch dazugeben)
- mit Löffel Busserl auf ein befettetes Blech setzen
- bei 180°C Heißluft backen

Osttirol — Nachspeisen, Gebäck

Buchweizenkuchen

1/4 kg Butter
1/4 kg Zucker
1/4 kg Nüsse
1/4 kg Buchweizenmehl
5 Eier
1 Pkg. Backpulver

- Butter mit Zucker und Dotter schaumig rühren
- Eiklar mit 1 Prise Salz zu steifem Schnee schlagen
- abwechselnd geriebene Nüsse und Buchweizenmehl vermischt mit Backpulver unterheben
- bei 180°C Heißluft ca. eine 3/4 Stunde backen

mit Preiselbeermarmelade servieren bzw. darübergeben!

Rhabarberkuchen

Teig:
30 dag Mehl
1 Messerspitze Backpulver
15 dag Butter
6 dag Zucker
2 Dotter
eventuell etwas Rahm oder Milch

Belag:
25 dag Rhabarber
5 dag Zucker
Zitronensaft
einige Löffel Wasser

Windmasse:
2 Eiklar
10 dag Zucker

- Mehl mit Zucker und Backpulver vermischen
- mit Butter abrösten
- rasch mit Dotter und Rahm oder Milch zusammenkneten
- auf Blechgröße auswalken
- kurz vorbacken
- Rhabarber mit Zitronensaft, etwas Wasser und Zucker dünsten
- auf den vorgebackenen Teigboden aufstreichen
- Eiklar zu steifem Schnee schlagen, mit Zucker ausschlagen
- darübergeben
- Kuchen bei 150°C langsam fertigbacken

In der Würze liegt die Kraft ...

Gewürzkräuter enthalten Aromastoffe, welche bei richtiger Anwendung den typischen Geschmack der Lebensmittel unterstreichen oder mit ihrem Eigengeschmack verschiedene Speisen besonders gut zur Geltung bringen.

Die ätherischen Öle regen die Verdauungssäfte an, die Speisen werden dadurch bekömmlicher. Außerdem erhalten wir durch Kräuter wichtige Vitamine und Mineralstoffe. Hinzu kommt, daß wir durch sie "Farbe" in unsere Ernährung bekommen - hübsch garniert mit Kräutern schaut jedes Gericht anders aus!

Sie werden sehen, wie interessant es ist, auf Entdeckungsreise nach verschiedenen Gewürzkräutern zu gehen, Ableger zu sammeln und sie im eigenen Garten, im Balkonkisterl oder im Blumentopf am Fensterbrett zu ziehen!

Kennen Sie schon Basilikum, Dill, Oregano, Thymian, Majoran, Zitronenmelisse, Minze, Estragon, Salbei, Rosmarin, Liebstöckl, Pimpernelle, Bohnenkraut ...?

Entdecken Sie diese Köstlichkeiten, und Sie werden sehen, es kommen gschmackige Zeiten!

Osttirol — Verschiedenes

Kräuteressig

Apfelessig
verschiedene Kräuter nach
Geschmack (Schnittlauch, Petersilie, Dill, Estragon, Maggikraut,
Basilikum, Ysop, Salbei,
Rosmarin, Bohnenkraut u.a.)
Knoblauchzehen

- ✧ Essig mit verschiedenen Kräutern und einigen halbierten Knoblauchzehen in Flaschen füllen

 ideal im Winter, wenn keine frischen Kräuter mehr wachsen

Apfelessig kann mit Apfelsaft aus eigener Pressung hergestellt werden: Apfelsaft vergären lassen, Essigmutter dazugeben, luftig lagern, einige Monate stehen lassen

Kräutersekt

10 l Wasser
3/4 kg Zucker
1/4 l Apfelessig
2-3 Zitronen, ungespritzt
1 Handvoll Zitronenmelissenblätter
1 Handvoll Schafgarbenblätter und Blüten
1 Zweig Pfefferminze

Je länger das Getränk gelagert wird, umso "sektartiger" wird es. Gekühlt ist es aber auch schon nach kurzer Zeit eine gesunde Erfrischung.

- ✧ In einem Kübel Wasser, Zucker und Apfelessig verrühren
- ✧ Zitronen in Scheiben schneiden, dazugeben
- ✧ Kräuter daruntermischen
- ✧ 24 Stunden an einem sonnigen Platz stehen lassen
- ✧ öfters umrühren
- ✧ abseihen
- ✧ in Flaschen füllen, verschließen, kühlstellen

Osttirol — Verschiedenes

Kräutersalz

Meersalz
verschiedene getrocknete
Kräuter z.B.: Schnittlauch,
Petersilie, Bohnenkraut, Dill,
Thymian, Liebstöckel,
Basilikum, Kerbel, Rosmarin,
Salbei, Sellerie, Oregano,
Pimpernelle

✧ Meersalz mit verschiedenen
  getrockneten Kräutern mixen

Je nach Geschmacks-
richtung kann eine
beliebige Hausmischung
hergestellt werden!

Suppen- und Saucenwürze

30 dag Zwiebel
30 dag Petersilienwurzel
30 dag Karotten
15 dag Kohlrabi
15 dag Sellerieknollen
30 dag Salz
15 dag Karfiol
Grünzeug

✧ Gemüse durch die
  Fleischmaschine drehen oder
  mixen
✧ mit Salz vermischen
✧ in Gläser füllen
✧ mit Öl abdecken und
  verschließen
✧ kühl lagern

Hollersirup

3 l Wasser
1 kg Zucker
5 dag Zitronensäure
3-4 Zitronen ungespritzt
ca. 30 Blüten

*Zitronenmelissenblätter
anstatt Hollerblüten
verwenden*

✧ Wasser mit Zucker aufkochen,
  überkühlen lassen
✧ mit Zitronensäure, Zironen
  und Hollerblüten vermischen
✧ 3-4 Tage an der Sonne stehen
  lassen
✧ abseihen und abfüllen

Osttirol – Verschiedenes

Hollersaft

3 kg Hollerbeeren
50 dag Zucker
1 Zimtstange
5 Nelken

- Hollerbeeren mit den Gewürzen vermischen
- dampfentsaften
- mit Zucker aufkochen
- heiß in Flaschen füllen

mit Wasser oder Mineralwasser aufspritzen; Hollersaft ist ein wertvolles Getränk!

Zitronenmelissenlikör

1/2 kg Zucker
1/4 l Wasser
10 dag Melissenblätter
1/2 l Alkohol

- Zucker und Wasser spinnen
- erkaltet mit Melissenblättern und Alkohol in Flaschen füllen
- nach ca. 6 Wochen abfüllen - abseihen

Weichsellikör

1 kg Weichseln
1 l Schnaps
1/2 kg Kandiszucker
1/2 Zimtstange
1/2 Vanillestange
Zitronenmelissenblätter

- Weichseln lagenweise mit Kandiszucker in ein Glas schichten
- Gewürze dazugeben
- mit Schnaps auffüllen
- stehen lassen, bis sich der Kandiszucker gelöst hat
- in Flaschen abfüllen

Probieren Sie diesen Likör mit anderen Früchten

Osttirol – Verschiedenes

Eierlikör

1/2 l Milch
1/2 l Rahm
30 dag Zucker
8-10 Dotter
1 Vanillestange
1/4 l 80%iger Rum
1/4 l Weinbrand

- Milch, Rahm, Zucker und Vanillestange erhitzen
- Dotter einsprudeln
- Temperatur 10 Minuten halten (ca. 70°C)
- abkühlen
- Alkohol dazugeben
- abfüllen

Kaffeelikör:
2 EL Löskaffee dazugeben
Scholkoladelikör:
1 Tafel Schokolade dazugeben

Wenn Sie den Likör cremiger wollen, dann dicken Sie ihn mit 1 KL Maizena ein!

Rosmarinwein

1 l guter Weißwein
1 großer Zweig Rosmarin

- Rosmarin mindestens 3 Wochen im Wein ausziehen lassen
- abseihen
- täglich 1 Stamperl trinken

hilft bei Herzbeschwerden

Johanniskrautschnaps

guter Bauernobstler
oder echter Kornschnaps
Johanniskrautblüten

- Blüten in Schnaps ansetzen
- mindestens 3 Wochen an der Sonne ausziehen lassen
- abseihen und abfüllen

hilft bei Magenleiden und Depressionen – teelöffelweise einnehmen

Osttirol — Verschiedenes

Ringelblumensalbe

1/2 kg Schweinefett
3 Handvoll Ringelblumenblüten,
eventuell etwas Pech, Wachs
und Honig
1 Tropfen Rosenöl

*Melkfett anstatt
Schweinefett verwenden,
die Salbe bleibt länger
haltbar*

*gute Heilsalbe:
lindert Krampfadern-
beschwerden, wenn sie
täglich angewendet wird*

- Schweinefett (Filz oder Rücken) auslassen
- abseihen, überkühlen lassen
- Ringelblumen und Pech dazugeben, am Herdrand ca. 3-4 Stunden ausziehen lassen, abseihen
- Wachs dazugeben
- lauwarm Honig und Rosenöl einrühren
- in Salbentiegerl abfüllen
- bei Verwendung von Melkfett, dieses leicht erwärmen und die Ringelblumen einige Stunden ausziehen lassen, abseihen und abfüllen.

G'stockte Milch

Milch
(Rohmilch vom Bauernhof)

*gesunde Erfrischung im
Sommer*

aus pasteurisierter Milch
läßt sich keine gute
gestockte Milch herstellen

- Milch (ca. 25°C) mit etwas Sauermilch vermischen (1 l Milch - 1-3 EL Sauermilch)
- in einem warmen Raum stehen lassen, bis sie dick ist
- kühl stellen

 *ohne Kulturzugabe wird
Milch auch sauer, jedoch
in unterschiedlicher
Qualität und in längerer
Zeit*

Osttirol — Verschiedenes

Topfen

Magermilch
Sauermilch zum Impfen

- Magermilch nach dem Melken mit etwas Sauermilch impfen
- in einem warmen Raum stehen lassen, bis die Milch dick ist
- gestockte Milch langsam auf 30-35°C erwärmen
- längere Zeit ziehen lassen, bis sich der Topfen zusammenzieht (Topfen soll oben schwimmen)
- abseihen, einige Stunden in einem warmen Raum austropfen lassen
- kühl stellen

 mixen mit etwas Milch, Joghurt oder Rahm: für feinere Topfenspeisen

Molkeessig

Molke
Krenwurzel
1-2 Moosbeerstauden

- Molke in ein Glas füllen
- 1 Stück Krenwurzel und 1-2 Moosbeerstauden dazugeben
- verschließen
- an der Sonne 4-5 Tage stehen lassen
- wenn sich oben ein weißer Schaum gebildet hat, abseihen
- kühl aufbewahren

Osttirol — Verschiedenes

Eingelegter Käse

Ziegenkäse oder Schnittkäse
Knoblauch
Olivenöl
verschiedene Kräuter
(Rosmarin, Salbei, Oregano,
Zitronenmelisse, Dill, ...)

- Käse (ca. 14 Tage alt) in Würfel schneiden
- abwechselnd mit halbierten Knoblauchzehen und Kräutern in Gläser schichten
- mit Olivenöl aufgießen und verschließen
- mindestens 14 Tage kühl und dunkel stehen lassen

 Käse kann in Öl für längere Zeit haltbar gemacht werden!

Einfache Leberwurst

1 Teil mageres, faschiertes Fleisch
1 Teil fettes, gekochtes Kopffleisch
1 Teil Leber, feinfaschiert
1 Teil Semmel, würfelig geschnitten
Knoblauch, Salz, Pfeffer
Majoran, Basilikum
Thymian

- Faschiertes mit würfelig geschnittenem Kopffleisch mischen
- fein faschierte Leber dazugeben
- würfelig geschnittene Semmel in Suppe einweichen und dazugeben
- gut würzen
- in Schweinsdärme oder Gläser einfüllen
- 30-40 min. in heißem Wasser brühen
- erkalten lassen
- als Brotaufstrich verwenden oder in Fett anbraten

Nachwort

Naturschutz beginnt im Kochtopf

Mit dem Essen wird ein Stück Welt einverleibt und verändert. Es gibt eine Art zu essen, die sich in der Befriedigung des Hungers, in der Sattheit und Zufriedenheit erfüllt, es gibt eine andere Art, die sich nie erfüllt, die vielmehr einen Appetit anregt, der seinem Wesen nach unerfüllbar ist. Die eine Art ist mit dem lokalen Angebot der Landschaft sinnlich verflochten. Die zweite Art konsumiert grenzenlos Mengen, Qualitäten und Entfernungen der Produkte. Die eine Art bringt unsere duftenden Bergblumenwiesen, die ich am Sonntag oder in der Freizeit erlebe, mit der Butter auf den Teller. Der Geschmack dieser Butter wird zu einer Heimat des Gaumens, die ich auch hören, riechen und sehen kann. Die andere Art ißt exotisch der dritten Welt geraubte Produkte, ißt Elitespezialitäten, jagt nach konstruierten Gesundheitseffekten oder ißt einfach billig und austauschbar.

Die Alchemie des Kochtopfes, sowie das Bedürfnis und Vergnügen des Gaumens gestalten Kulturlandschaften voll ökologischer Qualitäten oder Produktionslandschaften voll monotoner Quantitäten, es hängt von uns ab, für welche Art des Essens wir uns entscheiden. Das bäuerliche Produkt, bei dem Herstellung und Verarbeitung in einer Hand liegen und hinter dem ein jahrhundertalter Erfahrungsschatz steht, wird über kurz oder lang einen besonderen Wert genießen angesichts der Entwicklung auf dem Nahrungsmittelmarkt und dem steigenden Entfernungsaufwand der transportierten Nahrungsmittel. Im bäuerlichen Lebensmittel gibt es keine Sinnestäuschungen oder belogene Esser durch naturidente Geschmacksstoffe, Gentechnik, Bestrahlung oder Retortenmix. Allerdings bedarf es auch heimischer Kochrezepte, die mit den lokalen Schätzen umzugehen wissen.

Sprache und Gesänge, Kochen und Bäuerlichkeit, Pflanzen, Tiere und Landschaft, sie alle weben zusammen das behagliche Gewand der

Heimat. So beginnt der Natur- und Landschaftsschutz bereits beim richtigen Kochrezept für einen Kochtopf voll sorgsam ausgewählter, heimischer und biologisch hergestellter Produkte.

In einer Zeit des Hungers in der dritten Welt und im Osten, des Raubbaues an der Natur lohnt es sich, einmal über das Essen nachzudenken im eigenen und im Interesse unserer Kinder. Es muß nicht immer ein exotischer Regenschirm im Steak stecken, es gibt genug heimische Rezepte, die einen umfassenden Essensgenuß vermitteln. In diesem Sinne wünsche ich dem Kochbuch eine große Verbreitung.

Dipl.Ing. Sigbert Riccabona, Tiroler Umweltanwalt

Wo es Spezialitäten von Tiroler Bauern gibt*

Wenn Bäuerinnen in Ihren Kochrezepten von Erdäpfeln und Milch sprechen, denken sie oft ganz automatisch an die kuhwarme Milch aus dem eigenen Stall und die schöne Kartoffelernte vom heurigen Jahr.

Und vielleicht ist gerade diese tiefe Verbundenheit zum "Saltgmachten", wie die Oberländer sagen würden, ein Geheimnis der bäuerlichen Kochkunst. Einfache und schlichte Spezialitäten werden aus dem zubereitet, was die Natur auf den Tisch legt - kein Tomatensalat mitten im Winter, und auch das Lammfleisch dann, wenn die Tiere von der Alm kommen.

Den Reiz dieser "Kochphilosophie", die zugegebenermaßen in der bäuerlichen Praxis oft mehr auf praktische als auf philosophische Motive aufbaut, entdecken heute immer mehr Hausfrauen. Für sie stellt sich dann aber oft die Frage, wie sie zu naturbelassenen Produkten direkt vom Bauern kommen. Vor allem Konsumenten in der Stadt fehlt der direkte Kontakt zum Landwirt.

Grundsätzlich bieten die Tiroler Bauern ihre Produkte auf zwei Arten an: Ab-Hof und am Bauernmarkt beziehungsweise im Bauernladen.

Ab-Hof-Verkäufer

Im ganzen Land bieten Bauern und Bäuerinnen ihre Spezialitäten Ab-Hof an. Diese Adressen können aber nicht alle aufgelistet werden, daher finden Sie nachfolgend Informationen über Unterlagen und Wegweiser, die Sie zu den aktuellen Angeboten führen.

Konsumentenzeitschrift "Tiroler Bauern"

"Tiroler Bauern" erscheint monatlich und ist zu einer wichtigen Informationsdrehscheibe zwischen Bauer und Konsument geworden. Das Herzstück dieser Zeitschrift ist eine Doppelseite mit aktuellen Angeboten

*Diese Informationen wurden von Elisabeth Prantl, Referat für Direktvermarktung, zusammengestellt.

von Tiroler Bauern. Dort finden Sie alles von edlen Schnäpsen bis zum Rindfleischmischpaket. Der Vorteil dieser Zusammenstellung liegt vorallem in der Aktualität der Angebote.

Wegweiser zu den Ab-Hof-Verkäufern

In diesen doppelseitigen Wegweisern sind die Angebotsadressen der Tiroler Bauern regional zusammengefaßt. Bisher sind Wegweiser für folgende Gebiete erschienen:
Obergricht, Kappl, Mieming, Innsbruck, Südliches Innsbrucker Mittelgebirge, Westliches Innsbrucker Mittelgebirge, Hall und Umgebung, Stubaital, Wipptal, Wildschönau, Söll-Landl, Lienzer Becken und Osttiroler Pustertal

Wegweiser zu den kontrollierten Biobauern Tirols

Jeweils im Herbst gibt der Bioverband "Ernte für das Leben" eine Broschüre mit aktuellen Angeboten seiner Mitglieder heraus. In dieser Unterlage finden Sie die Adressen und Angebote von rund 80 kontrollierten Biobauern aus allen Teilen Tirols.

Bestellen können Sie all diese Unterlagen kostenlos beim Bauerntelefon (Montag bis Freitag von 10 bis 12 Uhr; 0512/494280).

DAS BAUERNTELEFON -
eine Serviceeinrichtung für Konsumenten und Produzenten

Schriftliche Unterlagen sind wichtig und können wertvolle Informationen weitergeben - den menschlichen Kontakt und die individuelle Betreuung können sie jedoch nicht ersetzten. Aus diesen Überlegungen heraus wurde in Tirol das Bauerntelefon installiert. Diese Serviceeinrichtung wird von Frau Franziska Zingerle betreut und will Mittler zwischen Bauern und Konsumenten sein. Das Bauerntelefon geht individuell auf Ihre Wünsche ein, mögen diese auch noch so ausgefallen sein. Oder Hand aufs Herz – hätten Sie gewußt, wo es in Tirol einen Schinken vom Wollschwein gibt? Darüber hinaus vermittelt Ihnen das Bauerntelefon etwas andere Geschenksideen, Bauernbuffets und Eierabo.

Bestellen können Sie alle diese Unterlagen kostenlos beim BAUERNTELEFON
Rufen Sie an! 0512 /494280 – Montag bis Freitag von 10 bis 12 Uhr

Bauernmärkte und Bauernläden in Tirol

* Bauernmarkt IMST, hinter der Johanneskirche
  jeden Samstag von 8 bis 12 Uhr
* Oberländer Bauernladen IMST, Schustergasse
  Donnerstag, Freitag, Samstag von 8 bis 12 Uhr
* Verkaufsgemeinschaft "Oberländer Obstbauern", Obstlager HAIMING
  jeden Samstag von 8 bis 12 Uhr
* Bauernmarkt MIEMINGER PLATEAU, Raiffeisenlagerhaus Mieming
  jeden Samstag von 8 bis 12 Uhr
* Bauernmarkt TELFS, Rathausplatz
  jeden Samstag von 8 bis 12 Uhr
* Bauernmarkt VÖLS, Dorfplatz
  von April bis Oktober vierzehntägig am Samstag von 8 bis 12 Uhr
* Bauernmarkt AXAMS, Altes Sennereigebäude
  Freitag 17 bis 19 Uhr Samstag 8 bis 12 Uhr
* Bauernmarkt INNSBRUCK-West, Viktor-Franz-Hess-Straße
  jeden Samstag von 8.30 bis 12 Uhr
* Bauernmarkt INNSBRUCK-St.Nikolaus, Brückenplatzl
  jeden Samstag von 8 bis 12 Uhr
* Bauernmarkt INNSBRUCK-Wilten, Wiltener Platzl
  jeden Samstag von 8 bis 12 Uhr
* Bauernmarkt im DEZ, INNSBRUCK
  jeden Freitag von 13 bis 18 Uhr, Nordeingang
* Bauernmarkt im Sillpark, INNSBRUCK
  jedes letzte Wochenende im Monat Donnerstag, Freitag und Samstag
* Markthalle INNSBRUCK- Produzentenmarkt, Herzog-Sigmund-Ufer
  Montag bis Samstag von 8 bis 12 Uhr
* INNSBRUCK, Pradler Kaufladen, Pradler Straße 15
  Montag bis Freitag von 9 bis 12.30 und 14-18.30;
  Samstag von 9 bis 12 Uhr
* Bauernmarkt RUM, Musikpavillon
  von April bis Oktober jeden Samstag von 9 bis 12 Uhr
* Bauernmarkt HALL, Oberer Stadtplatz
  jeden Samstag von 9 bis 12 Uhr
* Bauernmarkt MATREI AM BRENNER, Musikpavillon
  jeden 3. Freitag im Monat von 14 bis 16 Uhr im Winter und
  von 15 bis 17 Uhr im Sommer

* Bioladen Lumpererhof FRITZENS, Dorfstraße 36
  Freitag 14 bis 18 Uhr, Samstag 8 bis 12 Uhr
* Bauernmarkt SCHWAZ, am Stadtplatz
  jeden Samstag von 8.30 bis 12 Uhr
* Bauernmarkt BRIXLEGG, beim Gemeindeamt
  monatlich am ersten Samstag von 9 bis 13 Uhr
* Bauernmarkt Wildschönau, ADEG Markt, OBERAU
  am zweiten Samstag im Monat von 9 bis 12 Uhr
* Bauernladen Wildschönau, AUFFACH
  Mittwoch, Donnerstag, Freitag, Samstag 9-12 Uhr
* Bauernmarkt WÖRGL, beim Stadtamt
  jeden Samstag von 9 bis 12 Uhr
* Bauernmarkt KUFSTEIN, vor der Volksschule
  am ersten und dritten Samstag im Monat von 9 bis 12 Uhr
* Bauernmarkt St. JOHANN, Raiffeisenlagerhaus
  jeden Samstag von 9 bis 12 Uhr
* Bauernmarkt KITZBÜHEL, Rathausplatz
  jeden Samstag von 8 bis 13 Uhr
* NIEDERNDORFER Bauernladen
  täglich von 10 bis 12 Uhr und von 15 bis 18 Uhr;
  Samstag von 9 bis 12 Uhr
* Villgrater Natur – Alles vom Schaf, Fleisch, Wolle, Betten etc.
  Kontakt: Josef Schett, INNERVILLGRATEN 41, Tel. 04843/5336
* Bauernmarkt SILLIAN, am Marktplatz
  jeden Freitag im Monat ab 15 Uhr
* Bauernmarkt LIENZ, Stadtsaalpassage
  jeden Samstag von 8 bis 12 Uhr
* Bauernladen VIRGEN, Virgen 19,
  Freitag 15 bis 18 Uhr, Samstag 9 bis 12 Uhr

SACHREGISTER

Suppen
Bärlauchsuppe 55
Biersuppe 89
Bohnensuppe 128
Brätknöderlsuppe 19
Brennesselsuppe 171
Brennsuppe 54
Brennsuppe 85
Brennsuppe 127
Brezensuppe 129
Erdäpfelsuppe 53
Fastensuppe 127
Gerstensuppe 169
Gerstensuppe mit Bohnen 169
Kassuppn 54
Knoblauchsuppe 86
Kräutersuppe 21
Lauchsuppe 86
Magschoan 128
Milchsuppe 21
Milchsuppe 55
Milchsuppe mit Gries 171
Milzschnittensuppe 170
Rahmsuppe 53
Riebelesuppe 20
Schlettersuppe 19
Schottsuppe 170
Schwammerlsuppe 89
Versoffene Suppe 20
Würstlsuppe 85

Hauptgerichte
Apfel-Topfenauflauf 96
Apfelauflauf 99
Apfelkiachl 22
Apfelkrapfen 23
Apfelnocken 95
Apfelstrudel 96
Aufgegangene Topfennudeln 22
Bandnudeln 145
Biastkuchen 60
Biastnudeln 102
Bladlkiachl 133
Blattlstock 177
Blutmandl 58
Blutnudeln 103
Brandenberger Kaser 144
Brennende Spatzeln 30
Broadaknödel 149
Broadakrapfen 147
Brotkiachl 23
Dampfnudeln 137
Erdäpfelgulasch 60
Erdäpfelnocken 62
Erdäpfelpaunzen 102
Erdäpfelpuffer 101
Fastenknödel 149
Gebackene Knödel 143
Gebackene Mäuse 97
Geschnittene Nudeln 62
Grießauflauf, Reisauflauf 94
Haggerl 134
Hasenohren 56
Hefekiachl 101
Hochzeitsnigelen 178
Hollerkiachl 27
Holzknechtkrapfen 143
Kaskiachl 58
Kässpätzle 29
Kiachl 132
Klotzenstrudel 151
Kluabakrapfen 138
Kluanmehlnudeln 59
Krapf-Kiachl 134

Krapfen 100
Kräuterforelle 63
Krautkrapfen 28
Krautnocken 104
Lammkoteletten 175
Leberknödel 30
Mahnnudeln 133
Mascherl 139
Milchreis 98
Mohnnudeln 91
Mohnnudeln 92
nudeln 22
Ofennudeln 90
Osttiroler Schlipfkrapfen 174
Pfannernudeln 135
Polsterzipfel 98
Preßknödel 107
Roggane Apfelnudeln 93
Samstagnocken 146
Schliachtarnudeln 148
Schmarren 150
Schöpsernes 173
Schottnocken 145
Schottzöpferl 131
Schutznudeln 136
Schwarzplentenknödel 175
Schweinsbraten 104
Semmelschmarren 24
Speckknödel 176
Spinatknödel 103
Strauben 97
Süßer Plenten 100
Tarpl 57
Thierseer Kiachl 130
Topfeler 93
Topfenauflauf 25
Topfenkrapferl 130
Topfennudeln 94

Topfenschmarren 24
Topfenzergel 92
Tschagrutschen 144
Türkenmus 28
Türkennudeln 27
Türkenwixer 147
Wassermuas 146
Wassermus 61
Weinmus 61
Weinnudeln 25
Wildbraten 32
Wurzelsauce 173
Ziegerkugeln 26
Ziegernudeln 26
Zillertaler Krapfen 140
Zwetschkenschober 150
Zwiebelkuchen 172

Beilagen

Abgeschmalzene Erdäpfel 154
Bachlkress 65
Brennesselspinat 180
Dörrpflaumenkompott 153
Eierbier 154
Eiermilch 153
Eiersalat 109
Eingebrannte Erdäpfel 64
Eingemachter Kürbis 179
Gedörrte Zwetschkensauce 65
Hollermandl 153
Kümmelerdäpfel 35
Löwenzahnsalat 35
Milchpunsch 181
Oberländer 64
Obst 152
Rosmarinerdäpfel 180
Sauerkraut 109
Specksalat 179

Nachspeisen, Gebäck
Almnüsse 161
Angerberger Magenbrot 161
Apfelbrot 113
Apfelkuchen 110
Brandenberger Prügeltorte 156
Bratäpfel 72
Brezen 163
Brot 116
Buchweizenkuchen 184
Dinkelroulade 155
Dinkelsemmel 114
Ehenbichler Festtagsschnitten 36
Einfache Keks 39
Eiweißkuchen 68
Erdäpfelschnitten 66
Erdäpfeltorte 67
Flachszöpfe 68
Germkeks 38
Germzopf 162
Grammelkuchen 41
Gute Schnitten 182
Haferflockenbusserl 183
Hefewaffeln 38
Hirschhornkeks 114
Joghurtkuchen 71
Joghurtkuchen 182
Kirschkuchen 157
Lebkuchen 183
Mohnkuchen 112
Neidegger Hausbrot 162
Nervenkeksln 114
Nui Schmalz 66
Obstkuchen 111
Ölgugelhupf 71
Ongsanats 72
Rhabarberkuchen 184
Rotholzer Vollkornbrot 164
Salzstangerl 115
Sauermilchsulz 37
Schneebiskuit 113
schnitten 36
Schokoladetraum 37
Sreuselkuchen 40
Stanitzel 156
Waffeln 39
Walnußkuchen 158
Zucchinischnitten 112
Zwetschkenfleck 73

Verschiedenes
Äpfelschnitz 78
Arnikaschnaps 48
Beinwellsalbe 121
Bierlikör 120
Eierlikör 189
Einfache Leberwurst 192
Eingelegter Käse 192
Eingelegter Knoblauch 119
Eingelegte Zucchini 119
Einreibung bei Prellungen 76
G'stockte Milch 190
Grammelschmalz 118
Graukäse 165
Hollerlikör 46
Hollermarmelade 79
Hollerpunsch 47
Hollersaft 188
Hollersirup 187
Holunderessig 47
Hustensaft 75
Joghurt 80
Johanniskrautschnaps 189
Johannisöl 48
Karamelzuckerl 46
Kefir 118

Kräuteressig 186
Kräutersalz 187
Kräutersekt 186
Löwenzahnhonig 122
Molkeessig 191
Molkehonig 42
Moosbeerlikör 78
Nuanzen 42
Nußschnaps 78
Pechsalbe 166
Ribisellikör 79
Ringelblumensalbe 190
Ringelblumenschnaps 121
Rosmarinwein 189
Schissalkas 81
Spitzwegerichsirup 74
Suppen- und Saucenwürze 187
Topfen 191
Topfen mit Lab 45
Vanillezucker 120
Weichkäse 44
Weichsellikör 188
Wermutwein 76
Ziegenmilch-Zugsalbe 75
Ziegerkugeln 166
Zitronenmelissenlikör 188
Zitronensaft 76
Zwetschken 79

ALPHABETISCHES REGISTER

A

Abgeschmalzene Erdäpfel 154
Almnüsse 161
Angerberger Magenbrot 161
Apfel-Topfenauflauf 96
Apfelauflauf 99
Apfelbrot 113
Apfelkiachl 22
Apfelkrapfen 23
Apfelkuchen 110
Apfelnocken 95
Äpfelschnitz 78
Apfelstrudel 96
Arnikaschnaps 48
Aufgegangene Topfennudeln 22

B

Bachlkress 65
Bandnudeln 145
Bärlauchsuppe 55
Beinwellsalbe 121
Biastkuchen 60
Biastnudeln 102
Bierlikör 120
Biersuppe 89
Bladlkiachl 133
Blattlstock 177
Blutmandl 58
Blutnudeln 103
Bohnensuppe 128
Brandenberger Kaser 144
Brandenberger Prügeltorte 156
Bratäpfel 72
Brätknöderlsuppe 19
Brennende Spatzeln 30

Brennesselspinat 180
Brennesselsuppe 171
Brennsuppe 54
Brennsuppe 85
Brennsuppe 127
Brezensuppe 129
Brezen 163
Broadaknödel 149
Broadakrapfen 147
Brotkiachl 23
Buchweizenkuchen 184

D

Dampfnudeln 137
Dinkelroulade 155
Dinkelsemmel 114
Dörrpflaumenkompott 153

E

Ehenbichler Festtagsschnitten 36
Eierbier 154
Eierlikör 189
Eiermilch 153
Eiersalat 109
Einfache Keks 39
Einfache Leberwurst 192
Eingebrannte Erdäpfel 64
Eingelegter Käse 192
Eingelegter Knoblauch 119
Eingelegte Zucchini 119
Eingemachter Kürbis 179
Einreibung bei Prellungen 76
Eiweißkuchen 68
Erdäpfelgulasch 60
Erdäpfelnocken 62
Erdäpfelpaunzen 102
Erdäpfelpuffer 101
Erdäpfelschnitten 66

Erdäpfelsuppe 53
Erdäpfeltorte 67

F

Fastenknödel 149
Fastensuppe 127
Flachszöpfe 68

G

G'stockte Milch 190
Gebackene Knödel 143
Gebackene Mäuse 97
Gedörrte Zwetschkensauce 65
Gemüse 108
Germkeks 38
Germzopf 162
Gerstensuppe 169
Gerstensuppe mit Bohnen 169
Geschnittene Nudeln 62
Grammelkuchen 41
Grammelschmalz 118
Graukäse 165
Grießauflauf, Reisauflauf 94
Gute Schnitten 182

H

Haferflockenbusserl 183
Haggerl 134
Hasenohren 56
Hefekiachl 101
Hefewaffeln 38
Hirschhornkeks 114
Hochzeitsnigelen 178
Hollerkiachl 27
Hollerlikör 46
Hollermandl 153
Hollermarmelade 79

Hollerpunsch 47
Hollersaft 188
Hollersirup 187
Holunderessig 47
Holzknechtkrapfen 143
Hustensaft 75

J

Joghurtkuchen 71
Joghurt 80
Joghurtkuchen 182
Johanniskrautschnaps 189
Johannisöl 48

K

Karamelzuckerl 46
Kaskiachl 58
Kässpätzle 29
Kassuppn 54
Kefir 118
Kiachl 132
Kirschkuchen 157
Klotzenstrudel 151
Kluabakrapfen 138
Kluanmehlnudeln 59
Knoblauchsuppe 86
Krapf-Kiachl 134
Krapfen 100
Kräuteressig 186
Kräuterforelle 63
Kräutersalz 187
Kräutersekt 186
Kräutersuppe 21
Krautkrapfen 28
Krautnocken 104
Kümmelerdäpfel 35

L

Lammkoteletten 175
Lauchsuppe 86
Leberknödel 30
Lebkuchen 183
Löwenzahnhonig 122
Löwenzahnsalat 35

M

Magschoan 128
Mahnnudeln 133
Mascherl 139
Milchpunsch 181
Milchreis 98
Milchsuppe 21
Milchsuppe 55
Milchsuppe mit Gries 171
Milzschnittensuppe 170
Mohnkuchen 112
Mohnnudeln 91
Mohnnudeln 92
Molkeessig 191
Molkehonig 42
Moosbeerlikör 78

N

Neidegger Hausbrot 162
Nervenkeksln 114
Nuanzen 42
nudeln 22
Nui Schmalz 66
Nußschnaps 78

O

Oberländer 64
Obstkuchen 111
Ofennudeln 90
Ölgugelhupf 71

Ongsanats 72
Osttiroler Schlipfkrapfen 174

P

Pechsalbe 166
Pfannernudeln 135
Polsterzipfel 98
Preßknödel 107

R

Rahmsuppe 53
Rhabarberkuchen 184
Ribisellikör 79
Riebelesuppe 20
Ringelblumensalbe 190
Ringelblumenschnaps 121
Roggane Apfelnudeln 93
Rosmarinerdäpfel 180
Rosmarinwein 189
Rotholzer Vollkornbrot 164

S

Salzstangerl 115
Samstagnocken 146
Sauerkraut 109
Sauermilchsulz 37
Schissalkas 81
Schlettersuppe 19
Schliachtarnudeln 148
Schmarren 150
Schneebiskuit 113
schnitten 36
Schokoladetraum 37
Schöpsernes mit Wurzelsauce 173
Schottnocken 145
Schottsuppe 170
Schottzöpferl 131
Schutznudeln 136

Schwammerlsuppe 89
Schwarzplentenknödel 175
Schweinsbraten 104
Semmelschmarren 24
Speckknödel 176
Specksalat 179
Spinatknödel 103
Spitzwegerichsirup 74
Sreuselkuchen 40
Stanitzel 156
Strauben 97
Suppen- und Saucenwürze 187
Süßer Plenten 100

T

Tarpl 57
Thierseer Kiachl 130
Topfeler 93
Topfenauflauf 25
Topfenkrapferl 130
Topfennudeln 94
Topfenschmarren 24
Topfenzergel 92
Topfen 191
Topfen mit Lab 45
Tschagrutschen 144
Türkenmus 28
Türkennudeln 27
Türkenwixer 147

V

Vanillezucker 120
Versoffene Suppe 20

W

Waffeln 39
Walnußkuchen 158
Wassermuas 146

Wassermus 61
Weichkäse 44
Weichsellikör 188
Weinmus 61
Weinnudeln 25
Wermutwein 76
Wildbraten 32
Würstlsuppe 85
Wurzelsauce 173

Z

Ziegenmilch-Zugsalbe 75
Ziegerkugeln 166
Ziegernudeln 26
Zillertaler Krapfen 140
Zitronenmelissenlikör 188
Zitronensaft 76
Zucchinischnitten 112
Zwetschkenfleck 73
Zwetschken 79
Zwetschkenschober 150
Zwiebelkuchen 172

Die Autorin ist Lehrerin an der Landwirtschaftlichen Landeslehranstalt Rotholz. Sie unterrichtet Theorie und Spezialpraxis und betreut das Projekt Direktvermarktung. Außerdem ist Maria Gschwentner (geboren 1961) Bäuerin am Angerberg.